LOCUS

LOCUS

LOCUS

LOCUS

mark

這個系列標記的是一些人、一些事件與活動。

mark 118
為了活下去：
脫北女孩朴研美
作者：朴研美（Yeonmi Park）
譯者：謝佩妏
責任編輯：潘乃慧
封面設計：三人制創
校對：呂佳真
法律顧問：董安丹律師、顧慕堯律師
出版者：大塊文化出版股份有限公司
台北市105022南京東路四段25號11樓
www.locuspublishing.com
讀者服務專線：0800-006689
TEL：(02)87123898 FAX：(02)87123897
郵撥帳號：18955675 戶名：大塊文化出版股份有限公司

In Order To Live by Yeonmi Park
Original English language edition first published by Penguin Books Ltd, London

總經銷：大和書報圖書股份有限公司
地址：新北市新莊區五工五路2號
TEL：(02) 89902588　FAX：(02) 22901658
初版一刷：2016年8月
初版三十九刷：2022年8月

定價：新台幣320元
Printed in Taiwan

為了活下去

IN ORDER TO LIVE

脫北女孩朴研美

A North Korean Girl's Journey
to Freedom

Yeonmi Park 朴研美 著　謝佩妏 譯

推薦序一

在黑暗的隧道裡看到微光

阿潑

在見到真正的脫北者之前，我讀了不少北韓相關的書，幾乎如出一轍地，會談論金氏領導人的權威，談到洗腦教育，談到飢餓，談到各種不堪，還有逃亡。或許因為如此，當那個清瘦束著頭髮的女孩說著自己的故事時，我有些心不在焉，因為我知道她簡短的談話裡會出現的詞彙、句子，也約莫猜得到逃亡路線：進中國，往中南半島逃，再到南韓。在這種南北韓交界區旅行，脫北者的故事分享與北韓罪惡的介紹影片，絕對是套裝行程之一，短短十分鐘，滿足大家獵奇的眼光。

獨獨有一段話引起我的興趣。這個女孩再三強調：不要拍照，拍了也不要上傳網路。她不希望自己北韓的親人遭殃。這短短的警告證明，脫北者在自由地區所做的指控與分享，是要付出代價的。於是，那些脫北者的故事或出版，大都隱其名，才能放心說出那些血淚經驗。我突然有些愧疚，因為瞭解到，聽這些讀這些故事，其實很奢侈。

《為了活下去》作者朴研美或許是極少數願意以真名，且站在大眾面前訴說經歷的人。逃到南韓後，為了尋找姐姐，她上了電視，而後，到國外演講分享，被北韓當局視為眼中釘，公開抨擊她，並對付她在北韓的親人。但朴研美無所畏懼。

我不免注意到，這個女孩非常年輕，一九九三年出生，換句話說，她出生在冷戰結束，蘇聯抽手對北韓援助的飢荒時期。然而，飢餓雖是她生命中不可或缺的痛苦，跟其他脫北者或北韓書籍相比卻非全部。因為她的父親遊走中、朝邊境走私，在一個將資本主義視作敵人的社會，朴研美的父親卻輕巧操作商業手段——一直到他被逮捕。因此，我們可以從作者在北韓的童年，看見一個除了談論政權社會以外的人的生活、父親外遇、夫妻吵架、初戀，甚至如何在封閉的環境中收看南韓影劇、偷聽南韓流行音樂……除了政治，我們跟隨著作者的訴說，理解了北韓的生活樣貌與歷史。

作者父親遊走邊界這部分的描述很精采，而作者與母親逃到中國，在東北生活的篇章更是吸引人——容我省略一個十三歲小女孩逃離北韓，必須經歷過什麼磨難，並承受哪些痛苦——我曾經在中國東北的延邊旅行，這裡是朝鮮自治州，多的是不同時期來的朝鮮族，亦有脫北者。《為了活下去》一開頭，作者提到中國這邊做菜的香氣都會飄到對岸，讓我想起在圖們時，也看見北韓人從河的那頭看著中國這邊的熱鬧。這樣一個地方，會有著什麼樣的生活、何種交易，產生什麼經濟活動，是否有自己的派系秩序，都讓人好奇。逃到東北的朴研美，就進入了這種黑暗的、地下的、不可明說的經濟活動裡，又因為她逃離的時間，剛好是北京奧運時期，邊境有不同的管制方法，也就造成不同的結局。這本書像是呈現某種不可碰觸的田野資料，帶我們看到不能看見的底層暗裡。

我曾聽中國朋友提過，脫北者要是被捉到，會將鐵絲穿過他們的肩膀，再把他們送回去。我以為這是個以訛傳訛的恐嚇之詞，不料，真的在這本書裡看見。

逃出北韓，逃離中國，再轉往南韓的過程不必多說，值得一提的是，脫北者在南韓社會的適應問題與生存困境，雖然也屢屢被提起，但作者以另外一種典型，證明了另一種可能。或許能提供不同的參考。

這本書是由作者與另一英文寫作者共同合作完成，很難說有什麼文學技巧或韻味可言，文句如同許多第一人稱敘述一般直白無奇，但有時候生命本身就是文學，不需要花俏點綴，像是第一章，母親對作者說：「就算妳以為旁邊沒人，小鳥和老鼠也聽得到妳在竊竊私語。」她以自身經驗警告作者不要亂說話，那會替自己釀禍。諸如此類的話語或詞句，偶爾在故事裡出現，就像在黑暗的隧道裡看到微光，沉重感也少了些。

（《介入的旁觀者》作者）

推薦文二

裡頭的每顆字磚，都入過荒境，也得過僥倖

吳曉樂

脫北者的故事，過去不只朴研美的，未來也會有愈來愈多的脫北者，加入這個主題的書寫。而他們所看見的真實故事與觀點，也許和朴研美並無二致，也可能會南轅北轍。在同一個情境之中，因為不同的位置，自然會有不同的見證。他們很可能分享共同的傷痛，卻也有各自殊異的幸福。是以，在走進這道風景之前，也許要做好心理準備，這是一位脫北者的故事，除此之外，這更是朴研美的故事。

研美字裡行間都留下了「情非得已」的處世哲學。為了換取一家四口的溫飽，研美的父親鋌而走險從事國家嚴禁的買賣行為，最終被北韓政府查獲入獄，成了研美伯伯眼中「為家族帶來麻煩跟恥辱」的存在。研美的姐姐恩美找上陌生的門路，只求在鴨綠江的彼岸譜寫新的人生劇本。至於研美，她和母親為了找尋下落不明的恩美，只得誠惶誠恐地走上恩美可能行過的路。每個行為，都是選擇，更是生存之道。

常言道，自我決定，自我負責。是以，若想逃離一個欠缺自由的國度，而在邊界附近遭到擊斃；或是從事不見容於共產政權的貿易行為，因而連累了宗族長幼——當下，最直觀的瞭解往往是，既然有所選擇，自然要為這些決定付出代價。但若把視角逐漸抽離，又不免要困惑，上述所稱，背後必然有個加強的預設是，對自己的人生，我們真的能夠有所選擇。問題是，誰能狂妄地言稱，時時刻刻，日子均都屬於自己。

研美的故事，俯拾皆是這般「半點不由人」的無奈。她那麼直接地刻畫出，那些日子不屬於個體的時刻，人類要如何為了生活，被逼得做出選擇。

例如研美與弘偉的關係，雖有金錢與性的輸送，卻也有患難中的相濡以沫。弘偉生在中國東北，營生的方法是將朝鮮女子賣入中國農村人家。遇見研美之後，弘偉偶有暴行，但在一些場景中，又見到他是如何在人生的窄縫中，竭力要給研美撐出一個喘息的空間。

研美的文字清晰地照見了，那些交織在個人與大時代之間，種種的情非得已。這裡的情，可以指為情境，也不妨說是情感。正因整個大環境均非單薄人意所能預料，因此，跟隨而來的情感與所有人間諸事，自願非自願，也陷入無法分說的失語狀態。

對我而言，好的書寫一定要起到干擾與騷亂的作用，讓讀者難以安逸於一個觀點上，不得不思考每一人事的必然與偶然。研美的文字即做到了這點，她不停地抽換位置與場景，要我們眼睜睜看著價值快速的流變。讀者才剛信服於一個人的惡，又在下一秒鐘目睹了他的義行；反之亦然，那些我們以為即將要伸出援手的人物，也在細微處表達了他們的冷目。此回書寫是研美的初試啼聲，她卻沒有迴避掉「複雜性」的挑戰，而是直面處理，讓斷簡殘編歸於完整。

最後，若要向研美的敘事致上最基本的敬重，請容我拒絕指稱這是一個深具啟發性的故事。如同歷史學家亞歷山卓·瑞瓦斯基（Aleksandr Revalskiy）在無數個夜裡審視祖國歷史，包括俄國入侵車臣與車諾比核爆，只能發出喟嘆：「探索他人的人生是不道德的。但或許這就像是生了一場小病一樣，足以使人免疫他人的過錯。」從研美的人生中挖掘出意義或價值，好讓自己得到慰藉，讓現世更趨於安穩，或許是人類一種難以免疫的反射動作。但我更想呼告的是，不要在金蘋果落下時，疏怠於以銀網子承接。這本書的問世，最珍貴的部分無非在於指引我們看見，在情非得已之中，一個人要怎麼活，他還能怎麼活。

對於研美以及其他，甚至無法活到能把自己故事寫下來的脫北者而言，脫北不僅僅是一個議題，而是每日睜開眼睛，他們都得與人生進行的討價還價。闔上這本書時，請小心輕放。裡頭的每顆字磚，都入過荒境，也得過僥倖，終於來至你的跟前。

（《你的孩子不是你的孩子》作者）

獻給我的家人
以及在世界各地爭取自由的鬥士

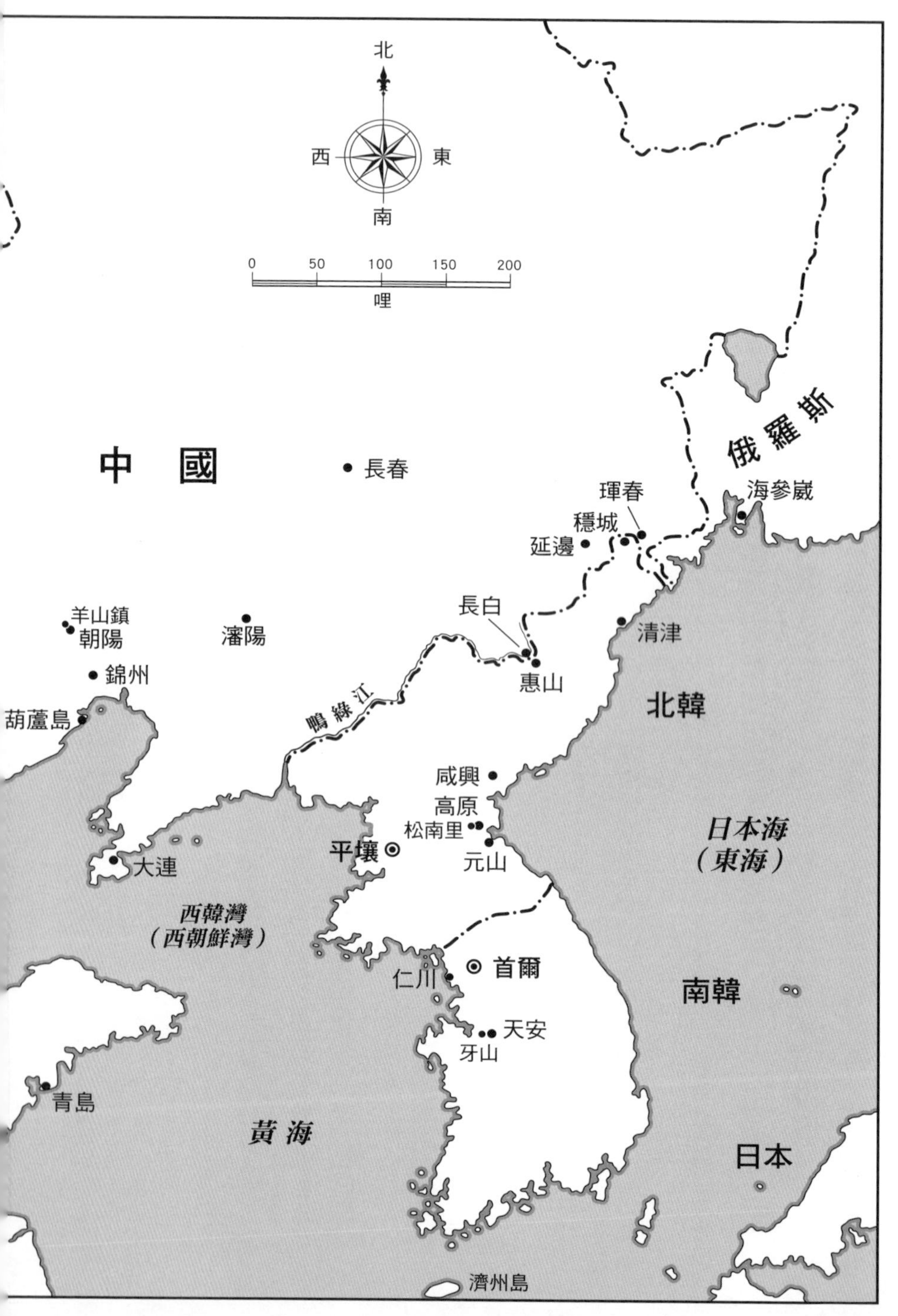
北
西
東
南
0
50
100
150
200
哩
中國
長春
俄羅斯
海參崴
琿春
穩城
延邊
長白
清津
羊山鎮
朝陽
瀋陽
錦州
惠山
葫蘆島
鴨綠江
北韓
咸興
高原
松南里
平壤
元山
日本海
（東海）
大連
西韓灣
（西朝鮮灣）
首爾
仁川
南韓
天安
牙山
青島
黃海
日本
濟州島

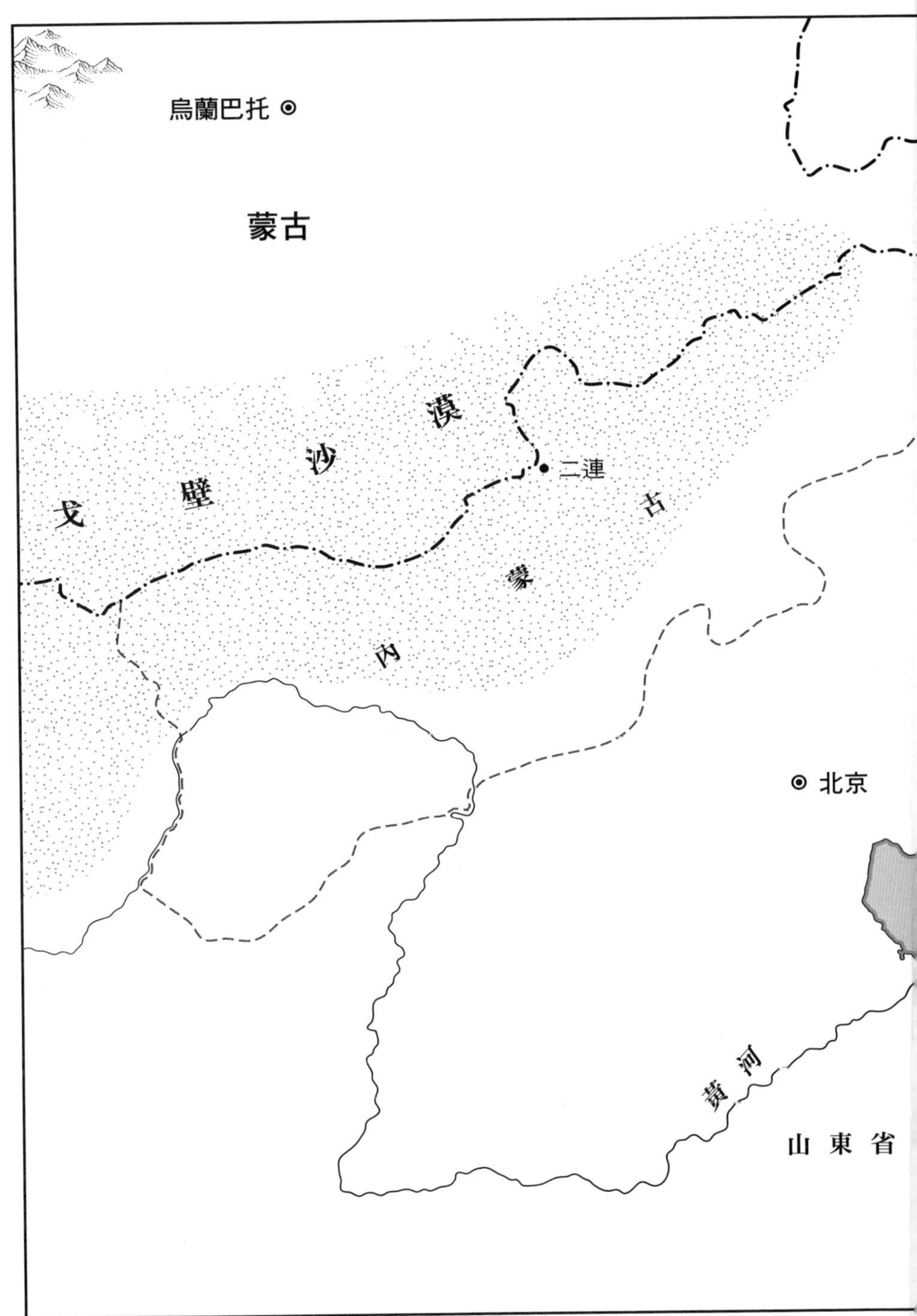

烏蘭巴托
蒙古
戈壁沙漠
二連
內蒙古
北京
黃河
山東省

目錄

第二部　中國

第三部　南韓

我們靠著說故事活下來。

——瓊・蒂蒂安（Joan Didion）

前言

二〇〇七年三月三十一日，我跟我媽在漆黑的寒夜中跌跌撞撞爬下鴨綠江的冰凍河岸。鴨綠江是北韓和中國之間的界河，沿岸陡峭多石，我們上下都有巡邏員，兩邊一百碼外也有崗哨，在裡頭站崗的衛兵只要看到有人偷偷越境，就會毫不留情開槍。沒人知道過了河會有什麼樣的命運，但為了活命，大家都想盡辦法要逃到中國。

當時我才十三歲，體重不到三十公斤，家住在位於北韓和中國邊境的惠山市。一個禮拜前，我才因為腸道感染入院，醫生卻誤診成盲腸炎，幫我割了盲腸。因為傷口還很痛，我連走路都很吃力。

帶我們越境的北韓掮客堅持當晚就得動身。他買通了幾名守衛，要他們放水，但他不可能收買這一帶所有的守衛，所以我們得非常小心才行。我摸黑跟在他後面，因為走不穩，只好用屁股滑下河岸，結果碎石也跟著我劈哩啪啦滾下來。他轉頭瞪我，低聲叫我小聲一點，可惜太遲了，只見一名北韓士兵的黑色身影從河床爬上來。如果對方是被收買的邊境衛兵之一，他大概沒認出我們。

「回去！」士兵對我們大吼：「快滾！」

我們的帶路人爬下去跟他交涉，只聽到他們交頭接耳的聲音。帶路人單獨走回來。

「我們走！」他說：「快！」

時值初春，天氣漸暖，凍結的河面一片片融化，但我們走的這段河流又陡又窄，白天曬不到太陽，所以還夠堅硬，撐得住我們的重量。但願如此！帶路人撥了通電話給另一邊（中國方面）的人，然後悄聲對我們說：「跑！」

帶路人開始往前跑，但我已經嚇到全身發軟，兩腿不聽使喚，兩手抓著媽媽不放。帶路人只好跑回來，一把抓起我的手，拖著我橫越結冰的河面。走到堅硬的地面之後，我們開始拚命往前跑，直到看不見衛兵才停下來。

河岸黑漆漆的，但中國長白市的燈光在我們眼前閃爍。我轉過頭，匆匆再看一眼我出生的地方。那裡一如往常又停電了，放眼望去只見漆黑死寂的地平線。走到空曠平原上的一間簡陋小屋時，我的心臟差點跳出來。

逃離北韓時，我沒有幻想會得到自由，甚至不知道「自由」代表什麼。我只知道我們一家人如果繼續留在北韓很可能沒命，不是餓死，就是病死，要不就是在勞改營裡受虐而死。飢餓已經超出可以忍受的程度，只要有一碗飯吃，要我冒生命危險，我也願意。

然而，除了想活命，我們逃出北韓還有別的目的。我跟我媽一直在尋找我姐姐恩美（Eunmi，編按：此書中作者親友的名字皆是音譯）的下落。她比我們早幾天逃到中國，但之後音訊全無。我們希望她會在河的對岸等我們，可是來接我們的只有一個禿頭中年男子，他跟住在中韓邊界城鎮的許多人一樣，都有北韓血統。他跟我媽說了幾句話，就帶她繞到小屋後面，我在屋前聽到我媽向他苦苦哀求：「不要！不要！」

我感覺大事不好了。我們到了一個可怕的地方，說不定比我們逃離的地方還要可怕。

這輩子我最感激兩件事：一是我出生在北韓，二是我逃出了北韓。這兩件事造就了現在的我，誰要拿平凡安穩的一生跟我交換，我都不要。然而，我的人生故事比表面上看起來還要複雜曲折。

我跟數以萬計的北韓人一樣，逃離了家鄉，在南韓定居。南韓仍將我們視為公民，彷彿封鎖邊界和將近七十年的緊張衝突，從未將南、北韓分開。南、北韓人有相同的血緣，說著相同的語言，只不過北韓沒有「大賣場」、「自由」，甚至「愛」這類字眼，至少不是世上其他地方理解的「愛」。我們唯一能表達的「愛」，就是對統治北韓三代的金氏王朝的敬愛。金氏政權封鎖了外界所有的消息，還有電視、電影跟廣播訊號。北韓沒有網際網路，沒有維基百科。市面上所有的書，都在宣揚我們國家是全世界最偉大的國家——即使北韓人至少有一半屬於赤貧階級，很多人長期營養不良。北韓政府甚至不稱自己是北韓，而是朝鮮。而朝鮮才是真正的韓國，一個完美無缺的社會主義樂土，住在這片土地上的二千五百萬人活著的目的，就是為最高領導人金正恩服務。逃出北韓的人很多都自稱是「脫北者」，因為拒絕接受自己的使命、為領袖奉獻生命的同時，我們就拋下了自己的責任。北韓當局稱我們為「叛國賊」，要是我設法回國，就會被抓去槍斃。

北韓政府不只對內封鎖消息，對外也一樣。政府禁止國內人民接觸國外媒體，也不讓外國人得知北韓的真相。北韓之所以有「隱士王國」之稱其來有自，因為北韓政府極力保持神祕，不讓外界得知國內的情況。唯有我們這些逃出北韓的人，才能說出封鎖國界背後的真相。然而，我們的故事在不久之前仍然鮮為人知。

我在二〇〇九年的春天抵達南韓。那年我十五歲，身無分文，教育程度相當於只有小學二年級。五年後我進了首爾頂尖的大學就讀大二，主修警察行政，日漸意識到我出生的地方迫切需要司法正義。

我在許多論壇上談過我逃出北韓的經過，描述人口販子如何把我們母女騙到中國，而我媽為了不讓看上我的掮客欺負我，犧牲了自己。到了中國，我們就開始尋找姐姐的下落，但還是毫無所獲。後來我爸也逃到中國，跟我們一起找，但幾個月後，他沒接受治療就罹癌過世了。二〇〇九年，基督教傳教士救了我們，帶我們到蒙古與中國的邊界。在某個永無止境的冬夜，我們從那裡徒步橫越冰天雪地的戈壁沙漠，跟隨著星星的指引，邁向自由。

這些事確實發生過，卻非事件的全貌。

從橫越鴨綠江逃到中國，到抵達南韓展開新生活的這兩年間，到底發生了什麼事，在本書面世前，只有我母親知道。這段往事，我幾乎從沒跟其他脫北者和我在南韓認識的人權鬥士提起。我總認為，只要不承認這段不堪的過往，它就會自動從記憶中消失。我說服自己，很多事根本沒發生，甚至教會自己遺忘這些事。

然而，開始寫這本書之後我發現，少了完整的真相，我的生命就失去了力量，也失去了意義。在我母親的幫助下，過去在北韓和中國的記憶像一幕幕遺忘已久的噩夢場景，重回我的腦海。有些場景清晰得嚇人，有些卻模糊不清，或像一副亂七八糟、散落一地的紙牌。寫作過程對我來說就是回憶的過程，也是設法釐清這些回憶、賦予它們意義的過程。

除了寫作，閱讀也幫助我整理我所認知的世界。抵達南韓之後，一有機會接觸世界經典名著的譯本，我就開始大量閱讀這些書，後來也漸漸能直接閱讀英文書。動筆寫作後，我偶然讀到作家瓊・蒂蒂安的一句名言：「我們靠著說故事活下來。」即使我們兩人的文化背景懸殊，這句話卻敲醒了我，在我腦中迴盪不已。我想通了。有時候，唯一能走出回憶的方式，就是把回憶變成故事，重新理解那些難以言說的事件對我們的意義。

在邁向自由的旅途中，我看過人性的險惡，但也親眼目睹人在悲慘境遇中相互扶持，甚至犧牲自己的人性美善。我知道人為了活命，有可能喪失一部分的人性，但我也知道，人性的光輝永遠不會熄滅，只要得到自由的氧氣和愛的力量，就能再度點燃。

為了活下去，我做過各種選擇，這本書就是我的種種選擇串成的故事。

第一部

北韓

1 小鳥和老鼠也聽得到妳在竊竊私語

鴨綠江就像一條巨龍的尾巴，夾在中國和北韓之間，迤邐流入黃海。惠山市這邊的鴨綠江流向白頭山（亦即中國的長白山）的山谷，這座二十萬人的城市就散落在高低起伏的山丘，以及遍布原野、樹林和墓地的高原之間。鴨綠江通常水淺又平緩，入冬就會結冰。我們這裡也是北韓最冷的地區，大半年都是冬天，氣溫有時會降到零下四十度，身體要夠強壯才活得下來。

對我來說，惠山就是我的家。

河對岸是中國長白市，那裡的很多居民都有朝鮮血統，邊境兩邊的人家交易往來已經有好幾代。小時候，我常站在黑暗中遙望對岸長白市的燈火，好奇家鄉以外的人都過著什麼樣的生活。每逢節慶或中國農曆新年，看見五顏六色的煙火在黑絲絨般的夜空中齊放，我們都覺得好刺激。我們這邊從來沒有那一類的活動。有時候我走去河邊提水，如果風剛好往這裡吹，我甚至聞得到河對岸人家的廚房飄出的飯菜、油麵和水餃香。風也會把在對岸玩耍的中國小孩的聲音傳送過來。

「喂，你們在那邊會餓嗎？」對岸的小男生用韓語對我喊。

「才不會！閉嘴，中國胖子！」我對著他們喊回去。

不會才怪。其實我好餓，但說出來也沒用。

我太早來到這世上。

我的母親才懷胎七個月，就在一九九三年十月四日生下我。我出生時不到一千四百克。惠山醫院的醫生告訴她，我實在太小了，「活不活得下來很難說」，醫院也愛莫能助，只能看我自己的造化。

我母親不管幫我裹多少條毯子，都沒辦法讓我的身體暖和起來。於是她把石頭烤過再放進毯子裡為我保暖，我才總算撐過來。幾天後，我爸媽就把我抱回家照顧。

我姐姐恩美大我兩歲，所以這次我爸一直盼望是個男孩。北韓是父權社會，負責傳宗接代的是男性。爸爸雖然有點失望，但很快就釋懷了。通常跟小孩最親的是媽媽，我哭的時候卻是我爸才知道怎麼哄我。在爸爸的懷裡，我才覺得受到保護和疼愛。不過，無論我爸還是我媽，從小都教我要以自己為榮。

我還很小的時候，我們一家人住在山坡上的一間平房裡，山坡下的鐵軌像生鏽的脊椎貫穿這座城市。

我們住的房子又小又冷，跟鄰居只有一牆之隔，所以隔壁任何聲響我們都聽得到，晚上還會聽見老鼠在天花板吱吱叫、東奔西竄。但那裡對我來說就是天堂，因為我們全家都在一起。

漆黑和寒冷是我對這世界最初的記憶。漫長的冬天，家裡最受歡迎的地方就是小壁爐，燒著木柴、煤炭或我們找得到的任何東西。我們在爐火上燒飯，水泥地板下安裝了管線，可以把煙輸送到房子另一邊的木頭煙囪。傳統的暖氣系統應該能讓屋裡保持溫暖才對，但終究敵不過冰冷的夜晚。睡覺前，我媽會在壁爐旁邊鋪一張厚毛毯，全家人都鑽進毯子裡，我媽第一個，再來是我、我姐，我爸最後，所以他離壁爐最遠，也最冷。太陽下山之後，四周就暗到什麼也看不見。在這裡，一連幾個禮拜、甚至幾個月沒電都很正常，再加上蠟燭又貴，所以我們都摸黑玩遊戲，有時連在被子裡我們都能鬧著玩。

「這誰的腳？」我媽會邊問邊用腳趾戳。

「我的，我的！」恩美興奮地喊。

到了冬天，無論早晚，惠山市家家戶戶的煙囪都冒著煙，甚至夏天也是。我們這個街坊很小，很有人情味，每個人都互相認識。只要看到哪家的煙囪沒冒煙，我們就會去敲那家的門，問問有什麼狀況。

夾在兩邊房屋中間的小路沒鋪柏油，窄到無法行車，不過反正這裡的車很少，所以也無所謂。附近的人到哪都靠兩條腿，少數負擔得起的人會騎腳踏車或摩托車。下過雨後，馬路變得滑濘不堪，街坊小孩最愛在這時候玩抓人的遊戲。可是我的個子比同年齡的小孩小，動作也比較慢，每次都追不上他們，很難融入大家。

我開始上學之後，有時恩美為了保護我，還會跟大一點的小孩打架。她個子也不高，但很聰明伶俐，既是我的玩伴，也是我的保鏢。下雪時，她會揹著我爬上附近的山坡，然後把我放在腿上，雙手抱著我。我緊緊抓住她，跟著她邊叫邊笑用屁股滑下山坡。只要能跟她在一起，我就心滿意足。

夏天的時候，所有小孩都會跳進鴨綠江裡玩水，但我從沒學過游泳，只能坐在岸上看其他小孩往波濤中泅泳。有時，我姐姐或我最好的朋友瑩子（Yong Ja）看我一個人，就會帶些她們在河底找到的漂亮石頭給我。有時，她們會一人一邊拉著我去淺灘泡水，再把我帶回岸上。

瑩子跟我同年，我們住在同一區。我喜歡跟她作伴，因為我們都很會發揮想像力打造自己的玩具。雖然在市場上買得到一些工廠製造的洋娃娃和其他玩具，但通常都很貴。所以我們就自己用泥巴捏碗盤和動物，甚至還有迷你坦克車。北韓國產的軍事玩具都很大型，但我們女生迷的是紙娃娃，可以花好幾個鐘頭用厚紙板剪娃娃，再用剩下的紙做娃娃的衣服和圍巾。

我媽有時會做紙風車給我們。我們把紙風車插在鐵軌上方、我們稱為「雲橋」的人行鐵橋。過了幾年，生活變得更辛苦也更複雜之後，我走過那座橋時會想，當初看著那些風車迎風轉動的我們有多快樂。

小時候在家鄉，我聽不到在南韓或美國會聽到的轟轟機械聲，也聽不到垃圾車的運轉聲、車子喇叭聲，或到處在響的電話聲。我聽到的都是人發出的聲音，例如女人洗碗的聲音、媽媽叫小孩的聲音、一家人吃飯時碗筷鏗鏘碰撞的聲音。有時，我會聽到朋友挨爸媽的罵。那個年代，沒有震耳的背景音樂在放送，大家的眼睛也不會黏著智慧型手機不放，但人與人之間有一種緊密的聯繫，那是我在如今居住的現代社會裡很難找到的東西。

在惠山市的家裡，我們的水管一年到頭幾乎都是乾的，所以我母親通常得把衣服搬到河邊去洗，洗完再搬回來放在溫暖的地板上晾乾。

因為街坊很少有電，每次電來的時候，大家都會開心得拍手叫好，大聲唱歌，即使是大半夜也會爬起來慶祝一番。當你擁有的那麼少，一件小小的東西都會讓你開心到飛起來。這是北韓特有的生活中，少數讓我懷念的地方。電當然不會來很久，每次電燈一晃、電又斷掉的時候，大家只會說「好吧」，然後認命地回去睡覺。

即使有電，電力也很弱，所以很多家庭都自備升壓器，幫助家裡的電器轉動，但這種升壓器經常會燒起來。三月的某天晚上，我爸媽不在家，我們家的升壓器就燒了起來。當時我還是個小寶寶，只記得自己醒過來就哇哇大哭，有個人抱著我穿過濃煙和火光。我不知道救我的人是姐姐還是鄰居。有人跑去通知我母親，她慌慌張張跑回來，但我跟我姐已經安全地逃到了鄰居家。我們的房子付之一炬，但爸爸很快地靠著自己的雙手重建家園。

後來，我們在小院子裡闢了一塊菜園。我媽跟我姐都對園藝沒興趣，但我跟爸爸都很愛蒔花弄草。我們在裡頭種了南瓜、包心菜、小黃瓜和向日葵。爸爸還在籬笆周圍種了漂亮的吊鐘花，我們都叫它「耳墜子」。我喜歡把那種長長的嬌嫩花朵掛在耳朵上，假裝戴了耳環。我媽問我爸為什麼要浪費寶貴的土地種花，但他每次都當耳邊風。

北韓人跟大自然很親近，自然而然發展出一套預測天氣的技能。我們沒有網路，加上電力不足，通常看不到政府在電視上播放的氣象報告，所以只好自己想辦法。

在漫長的夏天夜晚，左鄰右舍都會坐在家門外乘涼。沒有椅子，大家就坐在地上看夜空。如果星星滿天，就會有人說：「明天會是好天氣。」其他人都會喃喃附和。如果星星不多也不少，就會有人說：「看來明天是陰天。」這就是我們當地的氣象預報。

每個月最棒的一天就是麵食日。這天我媽會到鎮上買機器壓的生麵條回來。我們把買回來的麵條攤開放在廚房溫暖的地板上烘乾，這樣才能放久一點。對我和姐姐來說，這天就像在過節，因為我們會趁麵還軟軟甜甜的時候偷拿幾條來吃。在我人生的最初幾年，也就是一九九〇年代中的北韓大飢荒還沒重挫家鄉之前，朋友都會在這天來我們家一起吃麵。在北韓，什麼東西都應該互相分享。但後來，我們家和國家的狀況愈來愈糟，我媽就叫我們把其他小孩趕走，因為家裡的東西不夠拿來分給別人了。

日子好過時，家裡的一餐有飯、泡菜、豆子和海帶湯，但生活拮据時，這些東西都吃不起。有時我們會直接跳過一餐，大部分時間只能吃很稀的小麥或大麥粥，或是豆子，甚至把發黑的冷凍馬鈴薯磨成粉，塞進高麗菜餡做成餅。

我在成長過程中看到的北韓，跟一九六〇、七〇年代爸媽兒時看到的北韓很不一樣。他們年輕時，人民的生活基本需求都由國家照顧，食、衣、醫療都是。冷戰結束後，過去支持北韓政權的共產國家一個個轉向，由國家掌控的北韓經濟快速崩潰，北韓人突然間變得孤立無援。

那時我年紀還太小，不懂一九九〇年代為了適應國家遭逢的巨變之際，大人的世界陷入什麼樣的窘境。我跟姐姐睡著之後，爸媽有時會因為煩惱該怎麼做才不會讓全家人餓死，而擔心得睡不著覺。

我很快就學會一件事：不管偷聽到什麼都不能說出去。大人教我不要表達自己的意見、不要質疑任何事，只要照政府教我的去說話、做事、思考就對了。我甚至相信我們敬愛的領袖金正日能看穿我的心，我腦子裡的壞思想會害我受到懲罰。就算他聽不到，到處都有眼線在窗口偷聽或在學校操場監視。我們每個人都是「人民班」（鄰里監督單位）的一員，聽到不當言論都要通報。大家活在恐懼之中，而且幾乎每個人都有「禍從口出」的親身經驗，包括我母親。

一九九四年七月八日金日成逝世時，當時我才九個月大。北韓人把這位八十二歲高齡的「偉大領袖」當神一樣崇拜。他鐵腕統治北韓長達近五十年，虔誠信徒（包括我母親）

還以為他會長生不死，他的過世引發人民強烈的悲痛，也在國內引起不安。他的兒子金正日雖然已經被選為接班人，金日成過世留下的巨大空缺，還是讓所有人緊張不安。

國喪期間，我母親揹著我到惠山市區有如廣場的金日成銅像前，跟每天湧入的成千上萬名群眾一起為隕落的領袖痛哭哀號。哀悼者在銅像前留下花束和一杯杯米酒，表達對領袖的敬愛和悼念。

那段時間，爸爸有個親戚從中國東北（那裡很多居民都有北韓血統）來看我們。他是外國人，所以不像我們把「偉大的領袖」當作神一樣崇拜。某天我母親哀悼回來，永樹（Yong Soo）叔叔說他剛聽到一則傳聞。平壤政府宣稱金日成死於心臟病發，但叔叔說他聽朋友講，有個北韓軍官告訴他才不是那麼一回事，領袖真正的死因其實是「火病」。這種常見的病，無論在南北韓都是指「精神或情緒壓力造成的疾病」。叔叔還說，金日成有意與南韓展開對話，兒子卻與他意見相左……

「不要說了！」我媽阻止他：「什麼都別再說了！」她很難過，叔叔竟然敢散播金氏政權的謠言，逼得她不得不對客人無禮，叫他閉嘴。

隔天她和好姐妹又去悼念領袖。獻上花束時，她們發現有些祭品遭人破壞。

「世界上就是有這麼可惡的人！」她的好姐妹說。

「沒錯！」我媽接著說：「妳絕對不敢相信敵人散播的惡毒謠言。」於是她把昨天聽到的謊言告訴好姐妹。

隔天她走在雲橋上時，看見有輛貌似公務機關的車停在我們家底下的巷子裡，車子四周圍著一大群人，她立刻知道大事不好了。

那群人是人人害怕的保衛部便衣探員。保衛部就是北韓的國家安全局，掌管國內的政治犯集中營，並負責調查危害政權的事件。大家都知道，這些人只要把你帶走，你就會從世上消失。更要命的是，這些人不是本地人，而是總部派來的。

一名資深探員在門口見到我母親，就把她帶進鄰居家（他借來充當訊問室）。兩個人坐下來，他看著她，眼睛有如黑色玻璃。

「妳知道我為什麼來嗎？」他問。

「知道。」我母親說。

「所以妳是從哪裡聽到的？」他又問。

我媽說她是從爸爸的中國親戚那裡聽來的，親戚則是從朋友那裡聽來的。

「妳有什麼看法？」他問。

「這種謠言太可惡了！」她發自內心地說：「那是敵人散播的謊言，故意要摧毀這世界上最偉大的國家！」

「妳認為自己哪裡做錯了？」他冷冷地問。

「長官，我應該去跟黨組織通報，不該只跟一個人說。」

「妳錯了。」他說：「妳一開始就不該把這些話說出口。」

我媽心想這下她死定了。她一直賠罪，哀求對方可憐她還有兩個小孩，饒她一命。我們韓國人會說，她摩擦雙掌，一直哀求，磨到兩隻手都快破皮了。

最後，對方用教人冷到骨子裡的狠厲聲音說：「不准妳再提起這件事，連朋友、丈夫、小孩都不例外。如果再提起，妳知道會有什麼下場？」

她怎麼可能不知道？

之後他也質問了永樹叔叔。媽被質問時，叔叔心驚膽戰地跟我們在家裡等候。我母親認為那次她能逃過懲罰，都是因為叔叔向探員證實，我媽聽到他說的謠言時有多麼生氣。

質問結束後，探員開車離去，我叔叔也返回中國。後來爸爸問媽媽祕密警察找她有什麼事，她說她不能說，從此沒再提起。我爸一直到死，都不知道那次我們家差點人禍臨頭。

多年後，我母親才告訴我這段往事。我終於瞭解，為什麼她送我去上學時從不說「路上小心」或「當心陌生人」，反而總是提醒我「管好妳的嘴巴」。

在大多數國家，媽媽都會鼓勵小孩踴躍發問，北韓卻是例外。我懂事之後，母親就警告我說話要小心。「要記得，研美，」她輕聲對我說：「就算妳以為旁邊沒人，小鳥和老鼠也聽得到妳在竊竊私語。」媽媽不是要故意嚇我，我卻感覺有股巨大的恐懼和陰霾將我籠罩。

2 危險的歷史

我想我爸如果在南韓或美國長大，一定會變成大富翁。然而他出生在北韓，家族背景和忠黨愛國就是一切，努力工作也沒用，只會讓你有更多工作要做，讓你不斷為了存活而奮力掙扎。

一九六二年三月四日，我父親朴津識（Park Jin Sik）出生於北韓的工業人城咸興市。來自軍人家族，家裡又有良好的政治關係，照理說他應該很具優勢，因為在北韓，你能得到的機會都由「出身成分」決定。二次大戰後金日成即位，徹底推翻了把人民分為地主和農民、貴族和平民、僧侶和學者的傳統封建制度。他下令對全民展開背景調查，徹查個人家譜。在「出身成分」制度下，全國人民依其對政權的效忠程度分為三大類。

地位最高的是受人尊敬的革命分子組成的「核心」階層，包括農民、老兵、為北韓打仗或捐軀的軍人的家屬，以及擁護金氏家族並協助其鞏固權力的效忠者。地位第二高的是

「基本」或「動搖」階層，包括曾住在南韓或在南韓有家庭的人、前商人、知識分子，以及尚未確定是否徹底效忠新政權的人。地位最低的是「敵對」階層，包括前地主及其後裔、資本家、前南韓士兵、基督徒和其他教徒、政治犯家屬，以及所有與國家為敵的人。

要爬上更高一層比登天還難，但因為莫須有罪名被打下最低階層卻是輕而易舉。從我父親他家的例子即可印證，一旦喪失了原來的地位，所有附加的好處也會跟著消失。

我爺爺朴章奎（Park Chang Gyu）從小在惠山郊外的農村長大，當時韓國仍是日本的殖民地。

韓民族四千多年來都一脈相傳，但歷史上出現過很多個韓國。據傳，早在西元前二三三三年就有一個名為「朝鮮」的王國，意思就是「晨曦之國」。這名字雖然撫慰人心，我的國家卻少有太平之日。朝鮮半島位在幾個帝國的交叉口上，幾世紀以來得抵抗滿洲、蒙古，甚至更遠的外侮。二十世紀早期，日漸擴張的日本帝國利用武力和條約，一點一點將韓國併吞，最後在一九一〇年占領整個韓國。兩年後，北韓的第一位領導人金日成出生；十一年後，我的爺爺出生。

日本人在韓國實行暴虐統治，不但大肆破壞韓國文化，還把我們變成自己國家的二等公民。他們禁止人民說韓語，接管我們的田地和工業，人民忍無可忍，挺身反抗日本殖民，卻慘遭殖民當局的武力鎮壓。金日成的父母跟很多韓國人一樣，舉家橫越北邊的國境，前往當時仍屬於中國領地的滿洲。日本在一九三〇年代初入侵滿洲之後，我們未來的偉大領袖加入了反抗日本殖民的游擊隊。但二次大戰開打時，金日成加入了蘇聯軍隊。北韓文宣上說，金日成幾乎是單槍匹馬擊敗了日本人，但後來我才知道，當時他其實人在離戰場很遠的某個軍事基地上。

我成長期間，我們很少討論當時家裡的人都在做些什麼。在北韓，過去的任何歷史都可能釀成危險。我對父親家族的理解，都來自我爸跟我媽說的少數往事。

二次大戰爆發時，我爺爺在惠山市府的財政部門替日本長官工作。他在那裡認識了奶奶鄭慧順（Jung Hye Soon）。當時她也在市府工作，從小被阿姨帶大，是個孤兒，認識我爺爺之前都過得很苦。他們的愛情很不尋常，因為韓國人的婚姻通常都是由父母安排，但爺爺、奶奶婚前就已認識，而且還互相喜歡。

二戰期間，爺爺一直從事公職。一九四五年八月十五日日本投降之後，蘇聯軍隊進駐韓國北部，美國軍隊接管韓國南部，為超過七十年的南北分裂拉開序幕。美、蘇沿著北緯三十八度，專橫地在南北韓之間拉起一條虛擬的分隔線，將朝鮮半島切成北韓和南韓兩個行政區。美國指派反共流亡人士李承晚飛往漢城，推選他擔任大韓民國的第一屆總統。在北韓，當時已是蘇聯軍隊少校的金日成則獲選為朝鮮民主主義人民共和國的領袖。

蘇聯很快把所有適合的人選抓來成立一支北韓軍隊。我爺爺也丟了公職，變成人民軍的軍官。

到了一九四九年，美、蘇雙方都撤回軍隊，將政權交給他們各自扶植的領導人，可惜過程並不順利。金日成是史達林主義者，實施極端民族主義路線的獨裁統治，他決定在一九五〇年夏天利用蘇聯的坦克車和數千軍隊攻打南韓，進而統一南、北韓。在北韓，學校都教我們，是美國帝國主義者發動了韓戰，而我方軍隊則奮勇抵抗美帝的邪惡入侵。事實上，美軍重回韓國是為了及時**保護**南韓，而聯合國軍隊也在此時派軍支援，很快就將金日成的軍隊一路逼到鴨綠江，要不是中國軍隊殺進來，把美軍逼回三十八度線以南，美軍差點就接收了韓國。這場無謂的戰爭打到最後，至少造成三百萬韓國人死傷，數百萬人流離失所，大半國土夷為平地。

一九五三年南北雙方同意停戰，卻從未簽訂和平協定。直到今天，雙方基本上仍處於交戰狀態，南北韓政府也都認為自己才是全體韓國人的合法代表。

我爺爺是財務官，韓戰期間從沒開過槍。停戰之後他繼續留任軍隊，攜家帶眷到處調動。我父親（在五個小孩中排行老四，是最小的兒子）出生時，他剛好駐紮在惠山以南約一百八十哩的咸興市。退役之後，政府把他們一家人安置在惠山。爺爺是退役軍官又是勞動黨員，出身成分良好，政府為了獎勵他對國家的貢獻，安排他在軍營販賣部（為軍人家庭供應物資）擔任財務經理。有一段時間，他們一家人也跟北韓經濟一樣發達起來。

一九五〇、六〇年代間，中國和蘇聯投入大筆資金幫助北韓重建。北韓山區產煤，礦產豐富，一直以來都比南韓更富裕，工業化程度更高，因此也比南韓更快從戰火中復原。相較之下，以農業為主的南韓恢復得就沒那麼快。然而，這種情況在一九七〇、八〇年代開始翻轉。當時南韓蛻變成製造業中心，北韓採用的蘇聯式制度卻逐漸土崩瓦解。北韓的經濟都由國家規畫掌控，沒人能擁有個人財產（至少檯面上），田地都是公有，只是還可以種些蔬菜拿到管制嚴格的小市場販賣。政府提供人民工作，也負責發放薪水，並分發大多數的配給食物和生活用品。

我爸媽成長期間，這種配給制度仍由蘇聯和中國資助，很少人挨餓，但也沒人飛黃騰達，除了菁英階層。另一方面，政府的配給跟不上人民對各種物資的需求，例如進口服飾、電子產品、新奇食品。優越階級雖然能在國營的百貨公司接觸到這類商品，但大多數人都買不起。想買外國菸酒或日本包包的一般民眾只好到黑市交易。黑市商品通常都從北邊的中國輸入北韓。

我父親在一九八〇年前後入伍，當時他才十七、八歲。北韓中上階級的男性都要服十年兵役，但如果你關係夠好，最多可以減到兩年。不過，爸爸入伍不到一年，就因為闌尾破裂生了一場大病。為了控制感染引起的併發症，他開了四、五次刀，兵役也從此畫下句點。這個結果對他來說可能禍患無窮，因為北韓男性如果沒有軍事背景，通常找不到好工作。但他回到惠山之後，爺爺看他無事可做，建議他去學財政，後來考上了惠山經濟學院。他的兄弟姐妹也都表現不錯，二哥朴進（Park Jin）就讀於惠山的醫學院，大哥朴東日（Park Dong Il）是咸興的中學老師，姐姐嫁到平壤，在那裡當女服務生，妹妹則在惠山求學。

不料家裡卻在一九八〇年受到嚴重打擊。東日大伯被控強暴學生、企圖殺害妻子。我一直不知道詳細的狀況，也不知道指控是否屬實，但最後他被判二十年勞役。要不是爺爺有人脈，他很難逃過死刑。非政治犯在死前獲釋在北韓很常見，這樣政府才用不著把屍體運回家。因此，服刑十二年後，東日大伯就因病獲釋，回到了惠山。家裡從來沒人提起他的過去。印象中他身體虛弱，話很少，對我一向很好。我還很小的時候，他就過世了。

在北韓，一人犯下重罪，全家都會被視為罪犯。爺爺家一夕之間失去了優越的社會政治地位。

北韓的三大階層底下又分成五十多種小類。長大之後，當局也會持續監控、調整你的階層。街坊鄰居和地方警察組成的監視網，讓你和家人的一舉一動都逃不過他們的耳目。地方政府和全國各大組織都存有你的資料，這些資料決定你可以住在哪裡、上哪間學校、到哪裡工作。出身成分高人一等，就能加入勞動黨，進而獲得政治權力，這樣的人能上好大學，得到好工作。出身成分差，就等著到集體農場一輩子種田割稻，遇上飢荒還可能餓死。

長子因謀殺未遂入獄之後，爺爺人脈再好也挽救不了他的事業。兒子入獄不久，爺爺儘管沒接到正式的開除令，還是丟了軍營販賣部的飯碗。幸好另外兩個兒子受到的影響不大，最後都完成了學業。二伯朴進從惠山醫學大學畢業後，到惠山醫學院當教授，後來到醫學院擔任管理職。他成績優異，政治手腕高超，即使家族蒙羞，也闖出自己的一片天。父親拿到了經濟計畫的學位，而且跟祖父一樣受雇到惠山市政府的財政部門工作。但短短一年後，市府重整，他就丟了工作，蒙上污點的出身成分終究對他造成了影響。

爸爸知道除非他想辦法加入勞動黨，否則未來就會一片黯淡。於是，他決定到當地的鑄造廠做工，賣命工作證明他對政府的忠誠。後來他跟工廠的有力人士建立了良好關係，包括廠內的黨代表，沒多久就拿到了黨員證。

差不多就在那個時候，爸爸也開始從事另一項副業賺些外快。這種行為簡直是跟天借膽，因為國家管制範圍以外的交易都是非法的。但我爸有些異於常人之處，一來他天生具有創業家精神，二來他生性樂觀，沒把規定放在眼裡。除此之外，天時地利也幫助他把事業做得更大。這樣的榮景至少維持了一陣子。

惠山跟中國之間的跨國界交易早有長遠的歷史，這裡的黑市雖小但很熱鬧，從魚乾到電子產品，什麼都賣。一九八〇年代間，女人可以把食物和手工藝品拿到簡易市場上販售，但一般交易仍是懂門道的人才從事的地下活動。父親加入了一個規模日漸擴大的黑市商販團體，這些人到處鑽共產經濟體制的漏洞，想辦法賺錢。我父親一開始的野心不大。他發現他可以用七十到一百元在惠山黑市買到一盒高級香菸，然後用**每根**七到十元的價格賣給北韓內地人。那時候，一公斤米就要大約二十五元，可見菸有多值錢。

政府對國內旅遊的限制愈來愈多，要出城得通過多道文書手續。首先，我父親要先拿到工廠的准假單。他會花點小錢請醫生幫他開病單，然後告知上司他得出城幾天去接受治療。拿到上司開的證明之後，他再去找警察，塞錢請他們發給他旅行許可。

接著，我爸會坐火車到沒有大型黑市的小鎮。他把香菸藏在袋子裡、全身上下，還有每個口袋。旅程中他得一直移動，以免碰到警察搜身，這些警察隨時都在搜查走私品。如果不幸被逮到，警察會沒收他的香菸，或者拿警棍威脅他交出身上所有的錢。這時我爸就得說服警察，讓他賺點零頭對大家都好，這樣他才能常常出現，給爺們帶來香菸。警察往往被他說動。就說我爸是個天生的推銷員！

我知道他寧可選擇像高級公務員這樣更安穩、規矩的生活，但命運不由人。在其他國家，我爸會順理成章成為一名商人，但在北韓，那不過是求生存的一種手段，而他也因此成了罪犯。

3 燕配燕，雀配雀

我爸爸的生意從香菸做起，沒多久也賣起中國成衣，當時成衣的需求量很大。一九八九年夏天，他到北韓東岸附近的小城高原做生意，順便去找以前在惠山認識的朋友邊民植（Byeon Min Sik），他也是個野心勃勃的年輕人。我父親在那裡認識了這位朋友的妹妹謙淑（Keum Sook），也就是我母親。

她比爸爸小四歲，出身成分跟他一樣差，而且也不是自己造成的。爸爸是因為大哥入獄才受到波及，她則是因為祖父曾在日本殖民期間擁有土地而蒙上污點。這個污點延續三代，我母親一九六六年出生時就被劃入「敵對」階層，菁英階層享受的特權都跟她無緣。

我的外公邊雄旭（Byeon Ung Rook）來自韓國最北邊的咸鏡北道，家裡不算特別富有，但擁有的地產剛好足以被視為地主。一九三一年外公出生的時候，他們家已經家道中落。同年，日本決定向外擴張，侵占了中國東北三省，後來在那裡成立了滿洲國，該地就在韓國邊境以北。

過去早就有數十萬韓國人在滿洲定居，這段邊境的邊防是出了名的寬鬆。一九三〇、四〇年代日本占領中韓兩地期間，在兩邊來回更加簡單。

一九三三年，我外公才兩歲大，全家遷往中國滿洲，跟咸鏡道只隔著一條圖們江。二次大戰爆發時，外公還只是名學生，但一樣上戰場打仗。我母親不知道他加入了哪支軍隊，因為他從未提過這件事。

戰爭結束後，他繼續留在中國，但經常回北韓家鄉。二十二歲那年，也就是一九五〇年韓戰爆發前夕，他去了一趟穩城，他父親曾在這座邊境小鎮置產。他在鎮上遇到了正要去蘇聯當伐木工的一群人，跟他們一起吃了晚餐。對方一直灌他酒，後來他終於擺脫他們，獨自走回下榻的旅社，但因為醉得太厲害，就躺在鐵軌上睡著了。隔天醒來，他發現自己躺在穩城的一家醫院裡，少了一隻手和一條腿，卻完全不知道自己是怎麼到了醫院。有人告訴他，他睡著時被一輛火車輾了過去，要不是一名鐵路管理員發現他，把他送到醫院，他早就沒命了。

他留在北韓繼續療傷。他整隻手都沒了，但腿還能裝上義肢，學習不用枴杖走路。等到他復元時，韓戰已來到尾聲。平心而論，這次他可說是因禍得福。要不是因為受了重傷，他勢必會參加這場奪去三百多萬條人命的戰爭。

韓戰期間，美軍在北韓投下的炸彈，比二次大戰期間在整個太平洋戰場投下的炸彈還多。他們轟炸了大大小小的城鎮，把主要建築都摧毀殆盡，甚至炸掉了水壩，將作物淹沒。造成的損害難以想像，到底有多少百姓死傷，沒人知道。

韓戰結束後，北韓政府為孤苦無依的傷殘人士成立療養院。外公就是在穩城的一間療養院認識了我外婆黃玉純（Hwang Ok Soon）。她是名孤兒，來自如今劃入南韓的一個小農村，她父親在殖民時期是抗日分子。她十歲那年，父親被捕，從此音訊全無。後來家人丟下她，她只好自力更生，輾轉來到中國圖們市（當時仍受日本殖民統治）的農家做工。

日本投降、韓國獨立之後，她重返祖國。不幸的是，南北韓分成兩半時，她剛好住在共產黨統治的北韓。一九五二年，她在東海沿岸清津市的一家軍火工廠工作時遇到了炮轟，一條腿被炸傷，不得不截肢。

她被送往療養院養傷，在那裡學會使用木頭義肢。雖然她年輕也還單身，但身體健全的人不太可能娶她這樣的殘障人士，所以她最大的希望就是找一個跟她同病相憐的結婚對象。我外公顯然也有同樣的打算，他走遍了北部省份的療養院，想給自己找個老婆。根據外婆的描述，她看到外公在走廊繞來繞去，覺得他很可憐，心想：「這個人缺手又斷腳，如果我不嫁給他，他永遠找不到老婆。」

韓戰結束不久，他們就結婚了。她跟著他北上橫越一百五十哩，跨過中國邊境回到他在琿春的家。一九五六年，外婆懷了第一胎（我母親的姐姐）。她雖然住在中國，卻從沒學會中文，過得很苦又很想家，而且她想吃海鮮想到快瘋了，尤其是清津口味的章魚。最後她再也受不了，橫了心拋下丈夫自己去找章魚吃。外婆是個很情緒化、個性強悍的女人，一旦下定決心要做某件事，誰都攔不住她。外公除了順著她，也無可奈何。

清津以前是一個小漁村，但日本人把它變成一個工業港，北韓政府也努力要把它重建成製造中心和軍事中心。我的外祖父母認為那不是適合建立家庭的地方。他們都是金日成的忠誠擁護者，擔心邊境地區散發的資本主義傾向，不希望自己的小孩受走私活動或其他犯罪活動誘惑。

於是他們搭火車往南走，打算找個農村落腳，在那裡落地生根。因為如此，我母親的娘家後來才會在高原定居。高原是個小城市，鄰近一片廣大肥沃的三角洲，後面是連綿起伏的山脈，周圍是稻田和果林，毫無熱鬧港口的腐敗習氣。照理說，這應該是個全新的開始，但他們來到高原的時候，正好遇上金日成下令全面掃蕩階級叛徒。全國人民都要接受調查，確定其忠誠度並記錄其出身成分。不幸的是，外公是老實人，跟調查員坦承他父親在穩城有地。從此之後，他就被貼上「壞成分」的標籤，也被剝奪了入黨和出人頭地的機會。國家分派他到鈕釦工廠工作。

我母親的姐姐一九五七年在高原出生，後來家裡又陸續多了三名成員，先是兩個男孩，再來是我母親，她是老么，在一九六六年的七月十六日來到人世。他們後來跟爸媽一樣，都成了金日成的忠誠擁護者。

我母親不但成績優異，而且有副好歌喉，還會彈樂器，手風琴和吉他就是她的玩伴。北韓的宣傳影片中，常會出現穿著傳統韓服的美女，鮮豔上衣和高腰長裙讓她們看起來像翩翩起舞的花朵，她們會唱高亢而哀傷的歌，聽的人莫不感動落淚。這就是我母親的拿手專長。

她年輕時想從事表演工作，但學校老師說她得先用功讀書，考上大學。外公也不贊成她從事表演，於是她只好專心讀書，背誦那些歌頌偉大領袖和他兒子金正日（他選定的繼承人）的詩詞。

像她這種出身的北韓女人，很少能接受高等教育。但我母親很會讀書，她考上咸興市附近的一所學院。如果有得選，她想當醫生，可惜只有家世好的學生可以選擇自己想讀的科系。校方要她主修無機化學，她也讀了這個科系。畢業之後，黨幹事派她回高原的化學工廠工作，她被分配到一個低階職位，負責製造加在肥皂和牙膏裡頭的香料。幾個月後，她獲准請調到另一家工廠（製造成衣外銷到蘇聯），擔任更高的職位。

儘管經歷了他人眼中的種種挫敗，我母親從未質疑國家對她的掌控。她跟在邊境城市長大的北韓人不同，從沒接觸過外面的世界或外國的思想，從小到大只知道國家教她的事，一直是純正、自豪的革命主義者。此外，我媽還有一顆詩人的心，她對官方宣傳品有強烈的情感共鳴，真心相信北韓是世界的中心，而金日成和金正日擁有超自然的神奇力量。她甚至相信是金日成讓太陽升起，而金正日在我們神聖的白頭山一間小木屋裡出生的那天（他的出生地其實是俄羅斯），天上出現了雙彩虹，還有一顆閃亮的新星。她已經徹底被洗腦，因此金日成過世後，她陷入了恐慌。對她來說，那就像上帝本人死掉一樣。她擔心「地球要怎麼繼續轉動？」，因為大學教的物理定律充斥著從小灌輸人民的政治宣傳。多年以後她才發現，金日成和金正日都是普通人，他們只是仿效蘇聯的史達林，逼迫人民把他們當作神一樣崇拜。

一九八九年母親認識父親時，她還住在家裡，也還在成衣廠工作。他每次到高原處理黑市生意，都會來哥哥民植家借住，久了就成了一種習慣。因為民植也住家裡，所以爸爸常看到媽媽，但兩人除了禮貌性地打個招呼，其實很少交談。

當時北韓沒有「約會」這個概念，我們的社會對男女關係非常保守。在西方長大的人或許會覺得談戀愛是很自然的事，但並非如此。我們是從書上和電影學會怎麼談戀愛，要不就只能靠平日的觀察。然而，我爸媽那個年代沒有模仿的對象，甚至沒有形容心裡感受的語言，只能從心上人的眼神或說話的語調猜測對方的心意，男女交往最多只能在私底下牽牽手。

我不知道我爸對我媽的感覺，但她的美貌一定讓他眼睛一亮。媽媽身材苗條而結實，顴骨突出，五官細緻，皮膚白皙。而且她反應快，意志力強，一定深深吸引了爸爸。

我媽對我爸的印象就沒那麼深刻。他在她的眼中長相一般，身高不是特別高，但她哥哥民植跟她說，他這個朋友養得起老婆。有句話可以形容我爸這樣的人，「他就算到石頭山也死不了」，意思是無論在什麼情況下，他都有辦法挺過來，活得好好的。

依照傳統，他們的婚事由雙方家庭安排。

有一次，我爸到高原做生意，爺爺陪著他一起去。他們認為兩人平均分攤風險比較安全，這樣要是碰到警察搜身，兩人身上都不會藏太多香菸或錢。安全抵達高原之後，他們就借住在民植家。

祖父很快就注意到我媽，還看見她跟我爸交換意味深長的眼神。他跟我外公坐下來討論婚事，雙方都覺得他們很適合，因為兩邊的出身成分都不好。我們這裡都說「燕配燕、雀配雀」。以我爸和我媽的例子來看，新郎和新娘都是雀。婚事談成後，男女雙方得知彼此婚約已訂，故事便到此結束。

婚禮沒什麼特別之處。母親穿上傳統韓服，父親到女方家迎娶，新娘家準備了一桌宴席招待親朋好友。之後，母親搭火車到惠山的新郎家吃了一場類似的宴席。沒有正式的婚禮，我父母只帶著身分證到警察局登記結婚，就這樣。

韓國有另一句俗語說：「線隨針走。」通常男人是針，女人是線，所以女人跟隨丈夫回家，不過女人不冠夫姓。對很多女人來說，這是婚後唯一能保留的一點點獨立自主。

4 斑斑血淚

我父母婚後的頭幾年一帆風順。兩人搬到了火車站附近的一間小屋，那是當年爺爺退休之後軍方分配給他的房子。屋子破舊不堪，但父親開始為成員逐漸增加的一家子整修房子。媽媽很快就懷了姐姐，恩美在一九九一年的一月出生。

父親離開了鑄造廠去找別的工作，以便有更多時間經營副業。除了香菸，他還在惠山的非正式市場買了糖、米和其他商品，再搭車到其他鄉鎮賣錢。他到東海沿岸的港口城市元山做生意時，會帶玉筋魚乾回來賣。韓國人喜歡把這種小魚當作小菜，在內陸省份可以賣到很好的價錢，後來這也成了我爸的熱賣商品。

我媽從小在鄉村地區長大，遠離外面世界的影響，對黑市交易一無所知，甚至對商業交易也一知半解。一九九〇年代一切改觀，飢荒和經濟崩潰迫使人民開始販賣各種商品，只求存活下去。但在那之前，資本主義對北韓人仍是個骯髒的字眼，金錢也是一般人不齒談論的齷齪話題。

如今，她卻嫁給一個靠金錢交易維生的商人，難免需要一點時間才能適應。可是她也像很多愛國的北韓人一樣，懂得把意識形態和實際行動分開，不去理會其中的矛盾衝突。後來她自己也變得很會做生意。一開始或許不太習慣，但她漸漸發現我爸比其他人精明能幹，跟著他學，自然也就學會了。婚後不久，我媽就開始幫忙我爸在惠山的合法和地下市場買賣商品。

雖然他們過得比大部分鄰居要好，但從來打不進所謂的「菁英」階級，除非你跟政府高官有往來，不然很難累積到那種財力。不過，他們的收入足以讓他們到紀念碑林立的首都平壤旅遊。當時恩美還是小寶寶，我媽穿著從中國走私進來的時髦服飾。她喜歡名牌包包（雖然是中國仿冒品）、日本的女性上衣，還有高級化妝品。我們逃出北韓許多年後，我還取笑她是北韓的芭黎絲．希爾頓。不過，她的打扮並不誇張，只是很有時尚品味。

儘管賺了些錢，我媽從來沒有停止工作，什麼事都難不倒她。她懷恩美時，懷孕後期在家裡還得砍柴。醫生說，這就是她第一胎八個月就早產的原因。我們猜想我之所以比姐姐更早產，是因為我媽懷胎七個月還拖著煤炭橫越鐵道橋。

運煤也是我爺爺經營的地下事業之一。他丟了軍營販賣部的工作之後，在惠山的某個軍事機構找到保全的差事。那棟樓的儲藏區存放了很多煤炭，祖父會放我爸媽進去偷煤炭。他們都趁晚上偷溜進去，再揹著煤炭穿過漆黑的街道，過程不但辛苦，而且動作一定要快，因為一旦給錯誤的警察逮到（意思是用錢買不動的警察），最後的下場可能是去坐牢。某天晚上，我媽過橋時突然覺得腹部一陣劇痛，隔天生下一個跟小雞一樣大的寶寶，那就是我。

根據北韓的標準，我爺爺和我父母都是罪犯。我爸靠買賣商品賺錢，但在其他國家只會把他當作一名商人。為了在自己國家自由旅行，他拿錢賄賂薪水不夠養家活口的官員。我爺爺和我父母確實偷了國家的東西，但政府也偷走了人民的一切，包括自由。

如今看來，我家人做的事不過只是超前了時代。我在一九九三年出生，當時北韓的中央集權經濟體制已經崩潰，貪污、賄賂、偷竊，甚至市場資本主義漸漸成為北韓生活的一部分。危機解除後，唯一不變的是金氏政權對人民殘酷無情的集權統治。

我小的時候，爸爸媽媽雖然感覺到日子一個月比一個月難熬，卻不知道是什麼原因。國內完全禁絕外國媒體，報紙也只報導金氏政權的正面消息，不然就是把所有問題都推給敵人的邪惡陰謀。然而真相是，在我們的封鎖國界之外，當初建立北韓的共產強權陸續切斷了對北韓的援助。一九九〇年蘇聯解體，莫斯科取消對北韓產品的「優惠關稅」，經濟大衰退一發不可收拾。少了補助的燃料和商品，國內經濟逐漸停擺。政府無法讓國內的肥料工廠繼續運轉，也沒有燃料可供卡車將進口肥料運往農地，農收當然也直線下滑。同時期，俄羅斯幾乎徹底切斷對北韓的糧食援助。中國雖然持續援助了北韓幾年，但他們也經歷巨大的轉變，並增加與資本主義國家（如南韓和美國）的經濟合作，所以也切斷了對北韓的一些補助，努力累積強勢貨幣以利出口。北韓早已負債累累，想借到錢也難。

一九九四年金日成過世時，飢荒已經重創北部省份。政府大幅刪減配給，人民有時甚至根本等不到配給。

這個時候，北韓政府非但沒有修改政策，趁機改革，反而對眼前的危機視而不見。政府不開放門戶，接受國際的支援和投資，卻叫人民一天只吃兩餐，節省糧食。新領導人金正日在一九九五年的新年演說中，呼籲北韓人民更賣力工作。他說，一九九四年雖然「血淚斑斑」，國人還是要「活力充沛、一心一意」地迎接一九九五年，使祖國更加蓬勃發展。

可惜我們的問題不是光靠淚珠和汗水就能解決。因為豪雨成災，沖毀了國內的大半稻田，也讓北韓的經濟徹底崩潰。金正日把對抗飢荒的全民運動比喻成「艱苦行軍」，這是當年用來形容他父親那一代對抗日本帝國主義的苦戰。大飢荒最嚴重的那幾年，有多達一百萬人活活餓死或病死。

經濟崩潰衝擊到北韓社會的各個層面。過去，人民的生活所需都由國家供應，現在國家卻要人民自己想辦法。等到國外的糧食援助終於送進來幫助飢荒人民時，政府卻把大半援助都撥給了軍方，因為軍隊的需求永遠擺第一。好不容易送到地方政府的糧食，卻很快就流到黑市。突然間，北韓幾乎所有人都得學會買賣，不然便可能餓死。當局也知道只能對這種地下市場睜一隻眼、閉一隻眼。事實上，金正日最後還是准許在國內建立固定的國營市場。

這種新局面對我父親來說是一大災難。現在每個人都到市場上從事買賣（在北韓稱之為「黑市交易」），競爭變得很激烈，我爸愈來愈難賺到錢。另一方面，從事黑市交易的處罰也變得更嚴格。我父母雖然努力適應新局面，卻還是青黃不接，欠了一屁股債。我爸試過各種不同的生意。我媽和朋友用一台老舊的腳踏式縫紉機把舊衣服改成童裝，她把做好的衣服拿給我們穿，她朋友則把剩下的衣服拿去市場賣。

有些人在中國有親戚，就可以申請出國探親。朴進二伯試過至少一次，但我爸沒有，因為申請沒過，也怕上級對他的生意更加關注。從中國返鄉的人幾乎都會帶東西回來，再拿到市場邊的臨時攤販上賣。他們跟我們說，在中國的垃圾堆裡可以找到不可思議的好東西，甚至有完好無缺的衣服。在北韓，什麼東西都會物盡其用，所以我們無法想像有人會把還能用的東西丟掉，甚至空的塑膠品、袋子和罐頭也一樣。這些東西對我們來說都是寶貝。

小時候，眼前的世界就是你的全世界，你的全部生活就是爸爸媽媽、親朋好友、左鄰右舍。所以對我來說，有時有東西吃，有時一天只有一餐可吃，其他時間只能挨餓，似乎都是很正常的事。

爸媽出外工作，想辦法讓全家人活下去時，常常不得不把我們姐妹留在家裡。如果我媽找不到人照顧我們，就只好在門上插上鐵閂，保護我們的安全。有時她一出去就是一整天，太陽都下山了，整個屋子黑漆漆。我姐怕黑，常忍不住哭出來，這時我會安慰她：「姐，不要哭，媽媽很快就回來了。」可是過了一會兒，我也慌張起來，兩個人便抱在一起哭。一聽到門口傳來媽媽的聲音，我們就鬆一口氣，衝過去哇哇大哭。我媽進門時看到我們這樣，心裡都很難受，但如果她帶了食物回來，所有的痛苦都會一掃而空。

在自由的世界裡，小孩常會夢想長大以後要做什麼，要怎麼樣才能發揮自己的專長。我四、五歲時，對未來的唯一夢想就是買很多很多麵包，然後一次吃光光。當你一直處於飢餓狀態，滿腦子想的還能是什麼。我不懂為什麼我媽賺了錢回家卻要把大部分的錢存下來，留到以後再用。我們沒有麵包可吃，只能吃一點粥或馬鈴薯。我跟我姐約定，如果我們能平安長大，就要拿錢去買麵包吃，直到飽到吃不下為止。我們甚至會為了自己可以吃多少麵包而鬥嘴。她說她可以吃一整桶麵包，我說我可以吃十桶；她說十桶，我就說一百桶！我覺得自己吃得下像山一樣高的麵包，而且怎麼樣都吃不飽。

最辛苦的季節是冬天。家裡沒有自來水，河流又結冰，鎮上只有一部抽水機，要到那裡提乾淨的水回家，往往要排好幾小時的隊。我大約五歲那年，某天我媽有事要忙，所以一大早六點、天都還沒亮，她就把我帶到那裡排隊。我在寒風中站了一整天，我媽回來找我時，天都黑了。我記得我的手有多冰，也記得手裡的水桶，還有前面排得很長的隊伍。媽媽跟我道歉，但我不怪她，她也不想把我丟下。這一直是她內心深處的痛，直到今天，她都很愧疚那時老在擔心家裡的人吃不飽，沒有好好陪伴我度過童年時光。

北韓雖然高舉反資本主義的旗幟，卻有很多人私下靠著借錢給人、按月收利息致富。我父母為了繼續做生意也跟人借了錢，但後來黑市價格崩盤，他們的商品不是被沒收就是被偷，最後再也還不出錢。每天晚上我們吃晚飯時，都會有人上門討債。那些人大吼大叫，惡言威脅，最後我爸再也受不了了。他知道另一個賺錢的管道。他在平壤有認識的人可以幫他弄到金、銀、銅、鎳、鈷等貴重金屬，他可以把弄到的貨拿去賣給中國人。

這個賺錢方法的風險很高，我媽反對。以前他賣玉筋魚乾和香菸的時候，最糟的狀況不過是把賺的錢全部拿去行賄，或是進再教育營服刑。她跟我爸說：「這些你還熬得過來，但是走私偷來的金屬會沒命的。」後來得知我爸打算把貨帶到惠山，她又更加擔心害怕。北韓每輛客運列車的最後面都掛著一輛特殊的運貨車廂，俗稱「九號列車」。九號列車專門用來運送國內各地送給金正日的名產、水果和珍奇物品，還有要分給各地幹部和黨內高官的禮品和物資。裝在這個特殊車廂的物品都封在木箱裡，連警察都不會打開檢查，所有進出這個車廂的人都要搜身。我爸認識在九號列車上工作的人，對方答應要把貨藏在這種絕對安全的特殊車廂裡，把金屬從平壤運到惠山。

我媽一再反對，堅持了很久，但最後不得不讓步，因為那是存活下來的唯一辦法。

5 敬愛的領袖

一九九八年到二〇〇二年間，我爸多半時間都在平壤經營走私生意。通常他一年有九個月不在家，只有搭火車送新一批貨到惠山時，才會順便回家，但次數不多，停留的時間也很短。我媽很快學會在惠山做生意，先到車站拿貨，再轉送給其他走私客，讓他們拿到中國邊境去賣。

我爸生意不好的時候，我們又會缺錢、餓肚子，但家裡的情況大致上已經漸漸改善。我爸回家那幾天，他會在家裡款待地方官員，包括收了他的錢、對他常跟「正職」工作請假睜一隻眼閉一隻眼的黨代表。我媽會準備一大桌菜，有飯、泡菜、韓式烤肉和其他特別的料理，我爸則忙著替每個人斟滿米酒和進口洋酒。我爸說故事的功力一流，人又幽默風趣，聽著他的說話聲和鬧烘烘的談笑聲，我不知不覺就睡著了。

只要家裡有東西吃，又有錢買新鞋和學校制服，我就心滿意足了。

我是一年級班上個子最小的，而且肯定不是最聰明的。我會知道這一點，是因為在北韓都依照身高排隊，依照成績安排座位。我讀寫都有困難，需要額外的幫助。我討厭在班上吊車尾，有時還會不想去上學。

我個性固執，或許是因為每件事都是我用努力換來的。總之，我下定決心要學會認字，拚了命也要把在書上游來游去的字學會。

我爸在家時，有時會抱著我坐在他腿上，念故事書給我聽。我很喜歡聽故事，但是北韓的書都由政府出版，少不了政治題材。我們沒有可怕的童話故事，只有發生在一個骯髒齷齪、名叫南韓的地方的故事，那裡有流浪兒光著腳在街上乞討。抵達首爾之前，我從沒想過那些故事其實是在形容北韓的生活，那時候我們對世界的想像都離不開政治宣傳。

後來，我憑著意志力學會認字，不管讀多少書都無法滿足我。同樣地，市面上的書籍多半在歌頌我們的領袖奮發向上、為民犧牲的事蹟。我最喜歡的一本書是金日成的傳記，書中描述了他年輕時抵抗日本帝國主義者，靠著活吞青蛙、夜宿雪地活下來的過程。

在課堂裡，不管上數學、科學、閱讀或音樂，老師都會加進一些政治宣傳。金日成的兒子，也就是我們「敬愛的領袖」金正日，對父親一片忠誠，正可作為學童效法的榜樣。我們曾在課堂上讀到一段文章，裡頭提到金日成為了國家日理萬機，甚至得邊騎馬邊看文件。問題是路途顛簸，紙張晃來晃去，所以金正日年幼時就設法把路面上的坑洞用沙子填平，好讓父親騎馬時平順又舒適。

我們敬愛的領袖擁有神奇的力量。他的傳記上說，他可以用意念控制天氣，而他在金日成大學就讀的三年期間寫了一千五百本書。他從小就展現了非凡的戰術天才，所以玩軍事遊戲時，他那一隊每次都因為他想出絕妙的戰術而獲勝。這個故事激勵了我在惠山的同班同學，大家也玩起軍事遊戲。但是每次都沒人想當美帝隊，因為美帝隊都得輸掉戰爭。

在學校，我們唱過一首歌頌金正日的歌，說他如何力求上進，親自走訪全國各地，實地指導勞動者，途中睡在車上，只吃飯糰果腹。「懇請敬愛的領袖，為我們珍重！」我們噙著淚水高唱：「我們都為你哭泣。」

北韓唯一一家（由國家經營的）電視台也利用紀錄片、影片和節目，強化人民對金氏王朝的崇拜。領袖笑容可掬的照片一出現在螢幕上，背景就會響起澎湃激昂的音樂，每次聽到我都很激動。北韓人從小就學會敬老尊賢，那是源自儒家文化的傳統。因此在所有人心中，金日成就像我們敬愛的祖父，而金正日就像我們的父親。

我甚至夢過金正日。他在夢中對我笑，還抱著我，給我糖吃，醒來時我好開心。有好長一段時間，回憶這段夢境就是我生活裡最大的喜悅。

知名的脫北者、同時也是北韓宣傳部的桂冠詩人張振成，稱這種現象為「情感獨裁」（emotional dictatorship）。在北韓，政府掌控你的行動、言論、教育和工作還不夠，還要支配你的情感，摧毀你的個體性，以及你依據自身經驗對各種情況做出反應的能力，把你變成國家的奴隸。

這種情感上和身體上的獨裁統治，在生活的各個層面無孔不入。事實上，打從你學會說話，媽媽揹著你去參加人民班的聚會（北韓每個人每週至少要參加一次）起，這種思想教育就開始了。你在那裡學會朋友就是你的「同志」，大家也互稱同志，最後每個人的思想就像一個模子印出來的。

一進學校，老師就會灌輸你類似聖經十誡的愛國十律。（第一律：我們必須秉持偉大領袖金日成同志的革命思想，竭力團結社會。第二律：誓死效忠敬愛的領袖金日成……第十律：代代傳承偉大領袖金日成的輝煌革命成果，使之發揚光大，源遠流長。）此外，老師灌輸我們「主體思想」的原則，並教我們對北韓的所有敵人深惡痛絕。

我們的教室和課本上，都印了藍眼大鼻、模樣可笑的美國大兵處決平民的照片，或是勇敢的北韓學童持刀打倒美國大兵的圖片。下課時，我們有時會排隊去揍或捅穿得像美國軍人的假人。我很怕邪惡的美國佬會再次攻打我們，用狠毒無比的方式把我凌虐致死。

上了二年級，我們開始學算術，但教學方法不同於一般國家。在北韓連算術都是一種宣傳工具。常見的數學題大概像這樣：「如果你殺了一名美國壞蛋，你的同志殺了兩個，你們總共殺死了幾名美國壞蛋？」

我們從不直接說「美國人」，那樣對他們太客氣，要說就說「美國壞蛋」、「洋基惡魔」或「大鼻子洋基」。如果不這麼說，就會因為對敵人太心軟而受到批評。

同樣地，提到金氏家族也一定要冠上頭銜或加上致敬的形容詞，展現我們對領袖浩瀚無邊的敬愛。有次我媽在廚房做飯，我拿起一份報紙，看了好久才把領袖的頭銜全部看完：「我們偉大的金正日同志、勞動黨總書記、國防委員會委員長、朝鮮人民軍最高司令官，今日表示……」

我發現我爸不像其他人那樣被徹底洗腦。媽媽告訴我，爸爸更在意的是政府對待人民的方式。我只聽過我爸發過一次牢騷，當時我聽不懂他說的話是什麼意思。那天我們正在聽電視新聞，剛好播到金正日到某地巡視軍隊的常見畫面。播報員一再重複敬愛的領袖多麼不畏寒風，給予忠貞士兵諄諄指示，這時我爸突然怒罵：「這個王八蛋！關掉電視！」

我媽壓低聲音氣沖沖地說：「在小孩面前說話小心點！你怎麼想是一回事，你這樣大家都會有危險。」

我不懂我爸說了金正日什麼，因為我無法想像誰會對我們國家的領袖不敬，那對我來說太不可思議了。

我爸不是唯一一個漸漸改變想法的人。

事實上，資本主義早就日漸復甦，而且就在相隔幾條街的熱鬧市場上。短短幾年以前，市場上只有幾個老婆婆在賣零嘴或自己種的蔬菜。現在，一排排攤販上面搭起一整片鐵皮屋頂，商品無奇不有，從手工年糕到中國製的運動鞋都找得到。如果你知道往哪走，也找得到電子錶和光碟機，這些新冒出來的小販都遊走於法律邊緣的灰色地帶。

帶著黑市商品往來中國的走私客，都住在市場後面河岸邊的矮房子裡。我對這一帶愈來愈熟。我爸從平壤運貨回來時，偶爾會把金屬藏在我的小書包裡，然後把我扛在肩上從家裡走到走私客住的小屋。有些走私客會把貨帶到對岸給中國的買主。有時他們會直接涉過鴨綠江，有些則跟中國買主約在中途碰頭。交易都在晚上進行，利用手電筒打暗號。因為走私的人太多，大家都要想特別的暗號，比方閃一次、兩次，還是三次，這樣才不會跟別人混淆。

看守邊界的衛兵現在也同流合污，總是在那裡等著分紅。即使衛兵往別的地方看，故意放水，還是有很多東西禁止買賣，誰敢違反規則，就可能丟掉小命。

公開處決在北韓有教育人民忠黨愛國、殺雞儆猴的效果。我小時候，有一次惠山有名年輕人因為殺牛來吃，就在市場後面當眾處決。未經特許擅自吃牛肉是犯法的行為。牛隻是國家財產，平常用來犁田拉車，殺來吃太浪費，所以殺牛來吃就是竊取國家財產。

那位年輕人還有其他較小的罪名，但殺牛吃才是主要罪行。他患了肺結核又沒東西吃，但警察才不管這些。他們向全鎮宣布要將他處決，然後把他帶到市場上，把他的身體和手腳綁在厚重的木板上。三個人拿著步槍站在他面前，對他開槍，費了一番工夫才用子彈把繩子打斷，最後屍體啪一聲倒在地上。我媽震驚地看著他們把屍體移走，裝進麻袋，然後搬上貨車後座運走。她的血液都凝結了，兩腿過了好一會兒才動得了。她不敢相信在自己的國家，一條人命竟然比牲畜的命還不值。連狗受到的待遇都比人好。

在北韓，有各式各樣數不清的罪行。政府一心要阻止邪惡的思想滲入國內，所以一概封鎖國外媒體。儘管很多家庭有電視、廣播、錄影帶播放機，但只能收看或收聽國家製作的新聞節目和宣傳影片，那些節目都無聊得要死。大家對外國電影和南韓電視劇的需求量很大，即使你永遠不知道警察什麼時候會闖進家裡搜索。警察會先切掉電力（如果一開始有電的話），這樣他們進門搜索時，錄影帶或ＤＶＤ就會卡在機器裡。但人民後來也學聰明了，會在家裡放兩台播放機，聽到警察上門就趕緊把兩台互換。走私或散布非法影片被逮到，懲罰可能很重，甚至有人因此被處決——又是殺雞儆猴的手段。

收音機和電視機都密封送來，永遠固定在國家認可的頻道。如果擅自更改，可能會被抓去勞改營再教育，但很多人還是照改不誤。住在邊境地區的人，如果有接收器，有時還可以收到中國的電視節目。我最感興趣的是食品廣告。我看過牛奶和餅乾這類外國產品的廣告。在北韓，我從沒喝過牛奶，逃出北韓之前，我甚至不知道牛奶是從乳牛身上來的。我跟朋友會看著這些不可思議的商品，意識到中國有很多我們沒有的東西，但我從沒想過我們可以過不一樣的生活。

常有人問我，為什麼會有北韓人冒著坐牢的危險，偷偷收看中國的電視廣告、南韓的連續劇或重播的摔角比賽。我想那是因為北韓人平常太壓抑，日常生活嚴酷又沉悶，人民都渴望找到出口。看電影時，想像力會帶你遠遊兩個鐘頭，回來時整個人神清氣爽，也暫時遺忘生活的艱辛。

我二伯有台錄影帶播放機，小時候我會去他家看好萊塢影片。二伯母會關上窗戶，要我們別說出去。我喜歡《仙履奇緣》、《白雪公主》和〇〇七系列。但我七、八歲時，真正改變我生命的電影是《鐵達尼號》。我不敢相信那是發生在一百年前的故事。那些活在一九一二年的人竟然享有比一般北韓人更先進的科技！最讓我吃驚的是，怎麼會有人為這種不要臉的愛情故事拍一部電影。拍這種電影的人在北韓一定會被抓去槍斃，因為在北韓不准拍真人實事，只能拍歌頌領導人的宣傳影片。然而，《鐵達尼號》裡的角色卻把愛和人性掛在嘴邊，李奧納多和凱特．溫斯蕾飾演的角色不像我們把生命奉獻給國家，而是願意為了愛犧牲生命。「人可以選擇自己的命運」這個想法撼動了我。這部好萊塢盜版片讓我第一次嘗到自由的滋味。

外來媒體雖然讓我窺見外面的廣大世界跟我周遭的世界有多麼不同，我卻從沒想過自己也可以像電影中的人物那樣生活。看著螢幕上的人，我無法相信他們是真實存在的人，也不敢羨慕他們。政治宣傳徹底將我們洗腦，讓我們對外界的誘惑免疫，也讓我在大飢荒開始肆虐時，對周圍的苦難麻木無感。

北韓人隨時隨地都有兩套故事在腦中進行，兩套故事就像兩列在軌道上平行行駛的火車。一個是國家教你相信的事，一個是你親眼看見的事。直到我逃到南韓，讀了喬治．歐威爾的《一九八四》譯本，我才為這種奇特現象找到適當的字眼，那就是**雙重思想**（doublethink）。雙重思想讓你在腦中同時容納兩種對立的思想，而且不會把自己搞瘋掉。

因為這種「雙重思想」，你可以早上高喊唾棄資本主義的口號，下午到市場選購從南韓走私進來的化妝品。

因為這種「雙重思想」，你才會一邊相信北韓是社會主義天堂、世界上最幸福快樂的國家，一邊狂看敵國人民在電視電影中過著你做夢也想不到的富裕生活。

因為這種「雙重思想」，你可以坐在惠山家中，看著宣傳影片播出高效率的工廠、堆滿食物的超市、打扮光鮮到遊樂園出遊的民眾，卻從不懷疑自己跟國家領袖活在不同的世界裡。

因為這種「雙重思想」，你可以在學校背誦「兒童是未來主人翁」的口號，儘管回家路上經過孤兒院，看見那些肚子又圓又凸的小孩用飢餓的眼神盯著你看。

或許我內心深處知道有什麼不對勁，但我們北韓人都是說謊高手，連對自己也說謊。挨餓的母親把寶寶丟在巷弄裡受凍的畫面不符合我的世界觀，我就自動關上腦袋。在垃圾堆看見屍體或瞄見屍體在河上漂流都很平常，聽到陌生人喊救命卻不理不睬也很正常。

但有些畫面，我一輩子都忘不掉。某天傍晚，我跟姐姐在池塘邊發現一具年輕人的屍體。大家都會到這裡提水，他一定是拖著沉重的身體到池塘邊喝水。他全身光溜溜，瞪著眼睛，嘴巴張得好大，一副痛苦不堪的表情。我看過不少屍體，但是都沒有這具那麼嚇人，他的內臟都袒露在外，大概是被狗啃的。我為他覺得丟臉，那樣光溜溜地躺在地上，很沒尊嚴。我不敢看他，於是抓起姐姐的手跑回家。

我媽有能力時都會幫助別人。有時會有流浪漢來敲我們家的門乞討，記得有一次有個少婦帶著女兒來敲門。「我又冷又餓，」她說：「但如果你賞點吃的給我，我會先給孩子吃。」我媽自己也有小孩，瞭解那種感覺，所以她請她們進來，端了兩碗飯菜給她們吃。我盯著她們不放，因為那個女孩跟我差不多年紀。她們很客氣，很餓卻吃得很秀氣。我常想，如果她們還留在北韓，現在是否還活著？

街上有太多苦苦哀求的可憐人，你不得不關上心門，不然根本承受不了。過一陣子，你也麻木了。這就是地獄的模樣。

我認識的每個人幾乎都在大飢荒中失去了家人。通常最早死的是年紀最小和最老的家庭成員。再來是男人，因為他們儲存的食物比女人少。挨餓的人撐到再也抵抗不了疾病，或是血液中的化學物質失衡、心臟忘了跳動，就會日漸衰弱。

我們家也吃到了苦頭，因為家裡的收入就像在海上漂浮的軟木塞起起落落。一九九九年，我父親試圖用貨車取代火車，把金屬偷偷運出平壤。但付錢給司機和汽油的花費太高，再加上得通過重重關卡、賄賂層層官員，最後他把賺來的錢都賠光了。媽媽帶著我跟姐姐去投靠親戚幾個月，爸爸則重拾他的火車生意，想辦法彌補之前的損失。

到了高原之後，我們發現媽媽的娘家也過得很苦。外公在幾年前過世，外婆搬去跟大兒子民植一起住。她最小的兒子鍾勢（Jong Sik）幾年前因為竊取公款而入獄，如今也來投靠他們。他在勞改營裡染上北韓很常見的肺結核，如今糧食短缺，大家都吃不飽，他也日漸消瘦，整天病懨懨。

外婆收留了很多鄰居的小孩，為了讓大家都有東西吃，她自己每天只吃一點點。她擔心自己造成家人的負擔，但其實她吃得很少，骨頭跟小鳥一樣輕。

我很愛個子嬌小、支著木腿的外婆。她從來不會嫌我煩，即使我哭著要她把我揹在背上，還把她當馬騎。她對我總是笑咪咪的，又很會說故事。我可以黏著她好幾個鐘頭，聽她說以前在南方的童年往事。她提到南方沿岸有個美麗的島叫濟州島，女人可以潛入水裡很久都不換氣，她們潛到海底採集食物，游起泳來像魚一般。每次聽她形容廣闊的湛藍大海和愛玩的海豚，我都很好奇。我從沒看過海，也沒聽過海豚這種動物。有一次我問她：「外婆，世界上最大的東西是什麼？」她說是從背上的孔呼吸、噴出高大水柱的鯨魚。我從沒看過鯨魚的圖片，但聽起來那是我會喜歡的東西。

外婆說的故事大部分是朝鮮時代發生的事。那時不分南北韓，只有一個國家、一個民族。她說我們跟南韓有同樣的文化、同樣的傳統。她還跟我說了她去首爾的事，儘管在北韓根本不准提到「首爾」兩個字，一般人也不會提起這麼邪惡的地方。我是從政治宣傳中才知道這個地方的存在，因為新聞報導提到那裡受壓迫的民眾發起反帝國主義的示威活動。但外婆在我內心種下對她鍾愛的地方的深深好奇。她對我說：「哪天來我的墳上，告訴我南北韓統一了。」

那時候去高原特別難受，因為好多人都因為大飢荒而奄奄一息。外婆吃很多藥，有緩和疼痛的鴉片，還有幫助她入眠、忘記周圍苦難的藥丸。某天早上，我出去玩之前，看見她吞了比平常多很多的藥。

「外婆，妳為什麼吃那麼多藥？」我問她。

她很平靜地對我笑。「外婆只是想好好睡個覺，」她說：「想好好休息。」

那天下午，我聽到屋裡傳來淒厲的叫聲，是鍾勢舅舅在喊外婆的名字。我們跑進門，看到他搖晃著躺在床上的外婆，痛哭失聲。「妳醒醒！醒醒！妳說話啊！」

但外婆安詳地躺在床上，無論小舅喊得多大聲，她都聽不到了。

幾個月後，我小舅也走了。有時我腦中會響起他呼喚外婆、求她醒來的哀號聲。有些事我希望自己能忘掉，但我知道自己一輩子也忘不了。

6 夢中的城市

二〇〇〇年，我剛好七歲，爸爸的生意蒸蒸日上。參加完外婆的葬禮，我們就返回惠山。不久之後，我們家發財了，至少以我們的標準來看。我們一天吃三餐，一個月一家可以團圓兩、三次，也有錢可以掛急診，買鞋子、洗髮精和牙膏這類一般北韓人買不起的生活用品。我們還是沒有電話、汽車或摩托車，但是在朋友和鄰居眼中，我們的生活已經相當奢侈。

爸爸做生意回來都會帶好多禮物給我們。他買了新衣服和書給我和姐姐，買了香水和蜜粉給媽媽，不過他在黑市買到最讓我們興奮的東西，是一九八〇年代的任天堂電動。

我最喜歡的遊戲是超級瑪利歐兄弟。每次電來的時候，我就開始打電動，讓螢幕上的小人跳來跳去，一玩就好幾個鐘頭。現在，我聽到那開心的音樂，還是會忍不住微笑。我爸媽喜歡打網球電動，而且誰也不讓誰。看他們握著遙控器，像小孩一樣比賽、互嗆，實在很好玩。他們也很迷職業摔角賽，會趁我跟姐姐睡著後，在漆黑的房間裡一起看。我們會聽到他們激動地喊：「用力揍他！」我媽最喜歡一個身材壯碩、所向無敵的金髮女摔角手，但是我不喜歡看這些充斥暴力的影片，在街上看到的暴力就夠多了。

我父母的婚姻波濤洶湧。他們互相尊重，是很好的伴侶，也會逗彼此開心。爸爸清醒時會把媽媽當成寶，喝醉的時候就不一定了。

北韓社會本來就嚴酷動盪，男女之間的關係也一樣。女人應該聽父親和丈夫的話，什麼事都是男人優先。我成長的階段，女人不能跟男人同桌吃飯，我的很多鄰居和同學家裡都有特別為爸爸準備的碗和湯匙。男人打老婆也是常有的事。我們有個鄰居很暴力，她太太吃飯時都不敢讓筷子發出喀喀喀的聲音，怕會挨揍。

相較之下，我爸算是很開明的男人。他讓我媽、我及姐姐同桌吃飯，也很尊重我們，不常喝酒也很少打媽媽，但有時還是會動粗。我不是要替他辯解，只是在解釋北韓文化。北韓男人從小就相信男人比女人優越，這對他們就像服從領袖一樣天經地義。

我們家跟一般家庭有點不同，因為我媽不甩這一套。北韓女人一般只會哭著求饒，但我媽會出手反擊。她個性很強，不輸我爸，爸爸甚至不是她的對手。他們兩個打到不可開交時，我會跑到街上請鄰居來把他們拉開。有時我很怕他們會殺掉對方。

兩個人吵得最凶的時候，我媽有時會威脅要離婚，但不久他們又會和好。後來是因為另一個女人走進我爸的生命，媽媽才差點跟他一拍兩散。

父親到平壤做生意以後，需要一個地方住，還有一個幫他處理工作的助理。他在平壤的姐姐介紹了一位單身女性給他，名叫元宣（Wan Sun），才二十出頭，除了擔任我爸的助理，由於她跟家人住在一間大公寓，順便就把家中額外的房間租給爸爸。一年有九個月，他都住在那裡。

後來，他們發展出工作以外的關係，儘管我爸一直不肯承認。在北韓，有錢有勢的男人有小老婆並不少見。一段時間之後，元宣愛上了我爸，想跟他結婚，但她得先擺脫我媽。很像南韓八點檔的老掉牙劇情吧？而她差點就成功了。

二〇〇一年八月，我媽決定去平壤幾個月，讓我爸留在惠山陪我們。她自然是借宿在元宣的公寓，把商品拿到黑市賣，再買些金屬回惠山賣。她完全不知道元宣打電話給我爸，說他老婆背著他去找別的男人。不幸的是，我爸相信了她的謊話，後來跟我媽通電話時就罵她偷人。我媽不懂他為什麼這麼說，一氣之下就說要跟他離婚。

這次她是認真的。因為她沒直接回惠山，反而搭下班火車到高原找她哥哥民植，思考下一步該怎麼走。

等不到我媽回家，我爸這才發現問題大了，整個人悶悶不樂。他甚至每天喝酒，很不像他。某天下午，大概是我媽跑回高原兩個禮拜後，有人來敲門，我一開門就看見一個陌生的年輕女人站在門外，一身時髦的都市女性打扮。那是我第一次看見元宣。她一聽說我媽跟我爸提離婚，就跳上火車趕到惠山。我不知道發生了什麼事，只覺得一切都好奇怪。

更奇怪的還在後頭。我的朋友瑩子探頭進來，找我去她家玩。我一踏進她家的門，就看見媽媽在裡頭等我。看到她我好高興，立刻撲進她懷裡。

「研美！媽媽好想妳！」她說。

我還是不知道她為什麼離開，又不說一聲就跑回來，後來她才把經過說給我聽。她哥哥答應她，如果離婚就收留她，前提是不能帶著兩個孩子。但她放不下我們，而且離家後，她反倒想起我爸爸種種的好，決定回家挽救他們的婚姻。

「研美，妳爸還好嗎？」她問。

「他現在跟一個平壤來的小姐在我們家。」我說。

「妳先待在這裡，我找人叫妳，妳再回家。」她說。

她走到我們家，看見元宣坐在屋內的坐墊上跟我爸說話。我不確定看見我媽站在門口，他們哪個人比較驚訝？我媽跑進門，舉起腳就往元宣的屁股一踢，還一邊喊：「滾出去！」元宣站起來打她耳光，爸爸不得不抓住媽媽，免得她把元宣撕成碎片。我爸叫元宣先離開，我媽在她身後用力甩上門。

那時是十一月初，這個從平壤來的瘦弱女孩穿的衣服根本抵擋不了冰冷的天氣。她只穿了輕薄的外套和不實穿的鞋子，站在我家門外活像個可憐的幽魂，哭哭啼啼地求我爸讓她進去。

同時間在屋裡，爸爸求媽媽回心轉意，別跟他離婚，還對媽媽發誓他跟助理之間清清白白。媽媽不知道要相信什麼，但她很清楚家庭比外面那個女人重要，於是決定留下來。元宣後來便坐下班火車回平壤。

去問北韓鄉下任何一個人：「你的夢想是什麼？」十個有九個會說：「有生之年到平壤看一看。」

我在八歲那年夢想成真了。

只有國家菁英才能在北韓的首都居住和工作，要到那裡甚至要拿到特殊許可。平壤對北韓百姓來說，又像自家後院那樣熟悉，因為多不勝數的圖畫書和宣傳影片，都讚揚它是我們社會主義樂土的最佳典範。對我來說，平壤是集合了宏偉紀念碑和盛大慶典的神祕聖地，就像把紅場、耶路撒冷和迪士尼集於一地一樣。

我爸已經好久沒回家，所以他邀我跟姐姐夏天輪流去找他住一個月。我先去。想到同時可以見到爸爸和夢中的城市，我興奮得不得了，他回來接我之前的那個禮拜，我都興奮得睡不著覺。再加上二〇〇二年夏天是北韓第一次舉辦如今聞名全球的阿里郎節，向世界展現北韓的軍事和文化實力。我不敢相信自己可以親眼看到那種盛況。我把要去平壤的事告訴所有鄰居和同學。有些家長還要我別在他們的孩子面前吹噓，因為他們的小孩聽了也吵著要去平壤。

為了這趟特別的平壤之旅，我把最好的衣服都收進行李，包括公主T恤和娃娃鞋。我跟爸爸坐早班火車前往，儘管距離才兩百二十五哩左右，我們還是坐了好幾天的車，因為電力不足，火車不得不放慢速度。我跟爸爸坐臥鋪，還帶了食物在車上吃，但是大多數人都睡在硬邦邦的座位上。火車終於駛進平壤車站，元宣來接我們。我還是不懂幾個月前她為什麼專程跑來惠山，甚至已經不太記得她這個人了。但看到她挽著我爸的手，以小孩的直覺，我也知道不太對勁。不過那種感覺很快就過去了，因為我的心思都被平壤令人著迷的景象和聲音給吸引過去了。

周圍的一切都讓我讚嘆不已。那天是我從小到大第一次搭公車，看到有人搭地鐵或坐私家車在路上走，我也覺得好神奇。以前我從沒看過計程車，我爸還教我怎麼發音，跟我解釋這三個字的意思。更神奇的是我爸買給我喝的一種新奇飲料。那種飲料裝在瓶子裡，顏色很鮮豔，可是喝下去並無順口的感覺，反而覺得刺刺的，好像被電到一樣。

「爸，我不喜歡這個。」我邊說邊忍住眼淚。

「別這樣。」爸爸哄著我說：「別像個鄉下女孩一樣！喝多一點妳就會喜歡了。」但那種嘶嘶叫、冒泡的汽水嚇壞我了，我再也不想嘗試。

平壤對我就像個夢幻仙境。每個人看起來乾淨又光鮮。金正日規定國內的女人都要穿裙子，但是在惠山，很多女人都不理官方的服裝規定，改穿比較方便的寬鬆長褲，但在時髦的首都可不行。對我來說，這裡的居民都好文雅。跟偏遠北部人粗聲粗氣的說話方式比較起來，他們的口音沒那麼重，說話也更輕聲細語。

惠山的公寓搖搖欲墜，巷弄髒兮兮，調車廠煤煙瀰漫。相反地，平壤看起來又新又閃亮，街上有宏偉的建築和寬闊乾淨的大道。在這裡，幾乎看不到有人在乞討，只有俗稱「小燕子」的流浪兒。在北韓各地的市場和火車站都看得到他們的蹤影，不同的是，平壤的流浪兒只要跟人要錢或要食物，警察就會過來把他們趕走。

我爸要我不管到哪兒都要緊緊牽著他的手。他很怕我會走丟，因為我不斷抬頭張望這座宏偉的城市。晚上，他帶我坐公車看平壤市區的五彩燈光，我開心到差點瘋掉。惠山晚上唯一亮著的建築是金日成的雕像，但這裡所有重要的建築都像火把一樣亮。街上有好多宣傳標語，有些是用霓虹燈排成的，寫著「平壤，韓國之心」。這就夠搶眼了，沒想到連餐廳招牌都是霓虹燈。

我們去參觀只在電視上看過的景點。爸爸還帶我去看著名的柳京飯店。這棟一百零五層的金字塔摩天樓位在市中心，原本要打造成世界第一高的飯店，但至今還沒完工。我們在萬壽台的噴泉公園前拍了一張照片，我還在宏偉的金日成銅像前獻上鮮花。七十五呎高的偉大領袖在寬闊的廣場上對人民微笑，他穿著長大衣，舉起一隻手，像要揭露國家的命運。爸爸一向愛開玩笑，他轉頭對元宣說：「要是能把他的大外套脫下來賣到中國，那有多酷！」接著又說：「或者至少他的一隻鞋。」

我爸說的話教人目瞪口呆。現在我明白了，他就像《一九八四》裡的溫斯頓．史密斯，看透了老大哥的宣傳伎倆，內心知道這個國家真正的運作方式。但還要過好幾年，我才會明白金氏父子不是神。平壤給我一種溫暖而神聖的感覺，因為這是偉大的領袖走過的地方，也是他的兒子金正日現在居住的地方。只要知道他跟我呼吸著相同的空氣，我就覺得自豪又幸運，這也是我應該要有的感覺。

某天，我們搭了兩小時的船遊大同江，打算去參觀金日成的誕生地萬景台，只是後來又臨時改變主意，決定去附近一家不錯的中國餐館吃飯。我從沒去過坐在椅子上吃飯的餐館。在惠山，我們有時會到市場買東西吃，住宅區也有少數類似餐館的地方，但大家都坐在地上吃。坐在硬邦邦的椅子上對我來說很怪異，如果可以選，我還是想坐在地上。不過我很喜歡跟女服務生點菜，看人把菜送到我面前。我頭一次吃到又軟又細的麵包，而不是平常吃的那種又黑又硬的麵包。我還嘗到對岸中國人家煮飯時陣陣飄香的油麵，但口味我吃不慣。雖然嘴上什麼也沒說，但我心裡甚至想換成泡菜。不過，我吃到了豬肉薄片，還有其他好吃得不得了的中國菜。後來每次我肚子餓，都會在心裡重溫一遍那次吃的大餐。我唯一的遺憾是沒點更多菜。

元宣家的公寓在一棟摩天樓的十一樓，地點在平壤東部的船橋區域。那是我第一次搭電梯。以前我在南韓的連續劇裡看過，但實際搭的感覺沒那麼刺激，反而覺得可怕。這棟大樓有電，但為了省電，走廊和電梯都沒開燈，所以我緊抓著爸爸的手摸黑穿過大廳，坐上電梯。

一走進公寓就有很多窗戶和電燈，什麼都看得一清二楚。裡頭有三間臥房、一間浴室、一間廚房，還有一間大飯廳。元宣的父親和繼母睡一間，元宣和兩個妹妹睡一間，我跟我爸爸睡一間。至少我在那裡的時候是這樣安排的。我們搭了很久的火車，一回到公寓，爸爸就往床上一躺。元宣在他旁邊坐下來，靠在他身上。我覺得很不舒服，因為我看過爸媽這樣靠在一起。於是我爬上床，鑽到他們中間，窩在爸爸身邊。

每天早上醒來，我們幾乎都會聽到政府提供的收音機大聲播放國歌。北韓家家戶戶都有一台這種收音機，而且從早到晚都不能關掉。收音機頻道都固定在同一個電台，這樣政府連你在家都可以控制你。早上會播放很多澎湃激昂的歌曲，例如〈強盛大國〉，提醒人民像這樣讚揚我們引以為傲的社會主義生活，有多麼幸運。我很驚訝平壤的廣播可以開那麼久，因為惠山常常停電，我們都要自己起床。

每天早上七點都有個太太來敲公寓的門，大喊：「起床了！打掃時間到了！」她是人民班的班長，大樓裡的每戶人家都要參加人民班。在北韓，每個人都要早起，用一小時打掃走廊或整理屋外區域。集體勞動是我們保持革命精神和團結一致的方法。國家希望我們像有機體裡的小細胞，誰都少不了誰。我們要一起做每件事，無論什麼時候都一樣。所以到了中午，當廣播響起「嗶」一聲時，大家都停止吃午餐，誰都不例外。

平壤人早上打掃完畢後，就會排隊等公車去上班。在北邊的省份，去上班的人不多，因為沒什麼工作可做。工廠和礦場早就停工，也沒有產品可以製造。男人就算去辦公室或生產線，也只會在那裡喝酒、玩牌跟賭博。但平壤不一樣，大家看起來都很忙。有一次，元宣的妹妹帶我去她工作的工廠參觀，那是製造汽車輪胎的塑膠工廠。那是我在北韓看過唯一一間真正在運作的工廠。

我在平壤的那個月還有其他刺激的冒險。我們買票進五一體育場看了好幾場阿里郎節的盛大表演，那些壯觀的戲劇、音樂和體操表演讓我大開眼界。最讓我印象深刻的，是三萬到五萬名受訓好幾個月才站上舞台後方階梯的學童。他們高舉著彩色方塊，就像會動的牆壁，創造出變化萬千的大型圖案和口號，讚頌北韓政權的偉大。很久之後，我才知道那些小孩得連續表演好幾個鐘頭，不能休息吃東西或上廁所，整個過程根本是虐待。當時我們卻認為，為領袖受苦是榮耀，因為領袖也為我們受了很多苦。如果有機會，我也會驕傲地加入他們。

我還人生第一次去參觀動物園，看到了猴子、老虎、熊和大象，那種感覺就像走進了我的圖畫書。最讓我興奮的動物是孔雀，我一直以為那種鳥是假的，是畫家想像出來的。

親眼看到公孔雀在我面前展開尾部的華麗羽毛時，我驚訝到差點尖叫，難以想像會有這麼漂亮的動物跟我存在同一個世界裡。

一個一個禮拜過去，元宣努力要對我好，所以過一陣子我也真的開始喜歡她，而且我爸對她非常好。他們剛認識時，她得了肺結核（這種病連在菁英階層也很常見），我爸都會注意她有沒有好好吃飯、按時服藥。我到平壤的時候，她的病已經好得差不多。現在回想起來，我想我爸一定對她有好感，但我就像面對生命中的很多事一樣，寧可對眼前的事實視而不見。

有一回我半夜醒來聽到有人在吵架。我爸沒睡在我旁邊的床上，而是跟元宣在另一間房間裡。她邊哭邊跟他哀求。

「你為什麼不離婚！」我聽到她說：「研美還小，我可以照顧她。恩美就讓她跟著媽媽。」

我爸火了，壓低聲音說：「別說了！妳會吵醒她的！」

後來，我爸要我答應他，回到惠山後別把這些事告訴我媽。

我在平壤的最後幾天，我爸胃痛到受不了，最後決定到平壤的紅十字醫院做檢查。醫院找不出病因，於是他又轉往首都最先進的醫院，那是國家菁英看病的醫院。但連國內最優秀的醫生都查不出病因，他只好放棄，決定帶我回家。

我們搭火車跟著他最新的一批金屬坐回惠山。火車駛過一站又一站，周圍的山愈來愈陡峭，景象也愈來愈貧瘠蕭條。平壤的明亮燈光和乾淨街道隨著窗外的景象消失在夢裡，只見瘦巴巴的農民握著鋤頭在翻土，撿拾他們找得到的種子和穀粒。

每次火車一停，「小燕子們」就會爬上車廂，敲窗戶跟我乞討。我看見他們爭先恐後爬上來撿人家丟掉的腐爛食物，連發霉的米粒也不放過。我爸擔心他們吃了壞掉的東西會生病，都叫我不要把垃圾給他們。我看見其中有些小孩跟我差不多大，很多甚至比我還小。但我不能說我同情他們、甚至可憐他們，我只覺得好奇，他們吃了那些壞掉的食物要怎麼活下去。火車駛出車站時，有些小孩還掛在車廂上，緊緊抓著車底不放，使出所有力氣不讓加速的火車給甩出去，同時抬頭用既無好奇也無憤怒的眼神看著我。我在那些眼睛裡看到了純粹的求生意志，一種在絕望中也要活下來的動物本能。

還沒抵達惠山，火車突然在站間停下來。聽說有名街童爬到車廂頂上，碰到電纜被電死。為了移走屍體，火車誤點，還有人很生氣。除此之外，這件事似乎沒影響到任何人。

我媽來車站接我們。我爸去付錢給看守九號運貨車廂的警察，拿回他的包裹。我好高興終於回到家，再次看見熟悉的家園和我的向日葵花園。我很想念媽媽，迫不及待要告訴她在平壤發生的所有事。

「研美，妳有沒有去看主體思想塔？」我媽一邊幫我做年糕一邊問：「還有所有的紀念碑？」

「有！我們跟元宣去了所有的地方。」

「真的？」我媽用冷冷的聲音說。

「嗯。」我說：「我們還去了動物園！」

但之後我沒再說下去了。

這次換恩美跟著爸爸回平壤，直到夏天尾聲才回家。我爸還在惠山時，某天他接到一通找元宣的電話，得知不好的消息。原來元宣兼了一個副業，幫平壤的另一個走私客的忙，結果那名走私客告發她。警察把她抓去訊問，她趁休息時間逃走，現在躲了起來。

我爸回平壤之前，我媽就警告他，從現在開始要跟元宣保持距離，她說那個女人惹上了麻煩。

但我爸還是沒聽她的話。

7 最漆黑的夜晚

我爸在二〇〇二年的十月底回到平壤，過了不久他又弄到另一批可以賣到中國的金屬。萬事俱備，只缺包裹所需的麻袋和繩子，就可以把貨搬上火車運往惠山。即使在首都，這些東西也很難找到，但我爸知道市區有個人通常貨源充足。

他不顧媽媽的警告和自己的理智，到了平壤還是聯絡了元宣。她顯然還在幫忙他生意的事，因為我爸讓她去買麻袋和繩子，自己則到鄰近的市場上等她。兩人完全不知道檢察官已經派人（他們有自己的調查員）監視那棟房子，或許是接獲線報，知道元宣（或許還有我爸）會來。

我爸等了大約一個鐘頭，一直等不到元宣，只好自己去找人。調查員在屋裡設了陷阱要抓他，但他們沒有立刻逮捕他，而是先跟蹤他回家，希望經由他找到非法金屬的藏匿地點。但就在他坐上公車前，他們怕把人追丟，便上前逮他。

「你是朴津識嗎？」其中一人問。

「是。」我爸說。隨即一人一邊抓住他的手，將他逮捕。

後來我媽試圖拼湊出完整的經過。她得知警察先是逮捕了平壤一名知道我爸底細的銅走私客。接受審問時，她跟警方說她可以抖出另外兩個從事非法金屬交易的人：一個是來自惠山、名叫朴津識的「大魚」，另一個是幫他處理生意的平壤女孩。

元宣跟我爸在同一時間被捕，被判到勞改營服刑六個月。我們聽說她服完刑後嫁給了一個前軍官，生了一個小孩。聽到她能拋開過去、重新開始，我很替她高興。她跟其他人一樣，只是努力要活下來。

不幸的是，我爸為了他犯的罪必須付出更慘重的代價。

二〇〇二年十一月，媽媽從郵局回來時淚流滿面，全身發抖。聽她跟我朋友瑩子的奶奶說起原委，我才知道是怎麼回事。她說她想打電話給在平壤的爸爸，可是都聯絡不上，這才發現他因為走私被警察逮捕。

我媽只希望是哪裡弄錯了或只是噩夢一場，但她知道得馬上採取行動。她必須去首都查出爸爸被關在哪裡，看能不能花錢把他弄出監獄。

我媽去平壤的那天早上，她坐下來跟我和姐姐解釋發生了什麼事，接下來又會怎麼樣。她提醒我們，從現在開始，大家對我們的態度會跟以前大不相同。「他們可能會說我們家的壞話，」她說：「但妳們不要太在意。爸爸很快就會回來保護我們。」她說我們沒什麼好丟臉的，所以應該像從前一樣笑笑就算了，當作什麼事也沒發生。

她蹲在恩美前面，說：「恩美是姐姐，所以媽媽不在家的時候，妳就是家裡的支柱。」然後又對我說：「研美，妳要幫姐姐的忙。」

她留給我們一袋米和一些炒菜油，還說家裡有一陣子不會有錢進來，所以不能像以前那樣想吃什麼就吃什麼。現在，什麼都要省著點吃，一粒米都不能浪費。

我們陪她走到火車站，她上車前給了我們大約兩百元，夠我們吃完米的時候買點乾豆或玉米。「我會盡快回來，帶回更多食物。」她說，然後抱抱我們，跟我們道別。我們看著火車開走，站了很久才走開。當時我才九歲，卻覺得童年也隨著媽媽遠去。

回家途中，我跟恩美看到街上賣零嘴的攤販。我們盯著中國進口的糖果餅乾看了好久。媽媽從來沒買過這種零嘴，因為太貴了，但我們好想吃吃看，想都沒想，就把媽媽給我們的錢都拿去買一小包中國來的夾心餅乾和一包葵花子。

過了一個多月，我們才又看到媽媽。

冬天來了，天黑得愈來愈快。天氣好冷，所以我們家的門常常凍到打不開。我們每次生火取暖跟煮飯都笨手笨腳，要花很多時間。媽媽留給我們一些木柴，但我們不太會把木柴劈成一小塊一小塊。斧頭對我來說太重，我又沒有手套，有很長一段時間，我都徒手去撿木頭碎片。

有天傍晚，我負責到廚房生火，但因為用了濕木頭，火堆開始冒出大量濃煙。我跟姐姐奮力呼吸，但因為門窗都結冰了，扳也扳不開。我們大喊救命，猛捶隔壁人家的牆壁，但沒人聽到我們的求救聲。最後，我抓起斧頭敲碎冰塊才把門打開。

那個月我們能活下來簡直是奇蹟。媽媽留下來的食物很快就吃光了，到了十二月底，我們差不多已經在挨餓。有時候，朋友的媽媽會帶東西給我們吃，但他們的日子也不好過。北韓的大飢荒應該在一九九〇年代晚期就已結束，但過了好幾年，生活還是很苦。住在惠山的小姑姑沒有多餘的食物可以分給我們，二伯很氣我爸入獄為家裡帶來更多的麻煩和恥辱。我們很受傷，因為我父母對二伯一家人一向慷慨，現在我們卻開不了口求他們幫忙。

我們的鄰居金鍾愛（Kim Jong Ae）是個善良的女人，她一直留意我跟姐姐的狀況。她是黨員，在軍事動員部工作，過得比我們認識的大多數人都好。我永遠忘不了某天好冷好冷，我跟姐姐和朋友到雪地上玩（當時是寒假），五點我們回到家，天已經黑了。家裡沒燈也沒食物，我們只能坐在廚房裡，準備度過又一個挨餓受凍的夜晚。這時候，金鍾愛端著一碗熱騰騰的飯出現在我們家門口。直到今天，我閉上眼睛還能回想起那碗飯香噴噴的味道，那大概是我有生以來聞過最棒的味道，也是我吃過最美味的一餐。那樣的日行一善深深感動了我，讓我一輩子感激不盡。

我的朋友瑩子和她奶奶也幫了我們很多。瑩子有時會來睡我們家，這樣我跟姐姐才不會那麼怕黑。寫下這段往事對我來說很痛苦，因為我不想回憶起自己在那段絕望的日子的感受。從那次之後，我就很怕黑。即使到現在，每當心情不好或遇到難關，我就會打開所有的燈，讓房間裡愈亮愈好。如果夜晚永遠不會降臨，我會很開心。

為了打發時間，忘掉孤單的感覺，我跟姐姐會一起唱媽媽小時候哄我們時唱的兒歌。我們希望可以聽到她的聲音，聽到她跟我們說她就要回來了，但我們沒有電話或電話號碼可以聯絡到她。

一月的某一天，我媽突然來敲門，我們都不敢相信自己的眼睛。我們衝上去抱住她，不肯放開手。三個人又哭又笑，慶幸我們都還活著。媽帶了一些稻米、玉米和乾豆回來，我們餓壞了，很難抗拒為自己煮一頓大餐、一次吃個過癮的衝動，但我們知道食物得慢慢吃，因為媽媽說她不能待太久，她還得回平壤賺錢，想辦法把爸爸救出來。

她把這一個多月來的可怕經歷說給我們聽：她抵達不久，就得知爸爸被關在拘留偵訊中心，一開始他們不讓她見爸爸，後來她收買了一名守衛才進得去。爸爸仍驚魂未定，他跟媽媽說警察刑求他，一直打他腿的某個部位，那個地方腫到幾乎無法動彈，連去上廁所都有困難。後來守衛在他膝蓋後面綁一根木棍，讓他跪著站不起來，痛不欲生。他們想知道他賣了多少貨給走私客，還有多少人參與其中，但他透露得不多。

後來，他被移往平壤西北邊的甑山「再教育營」，也就是甑山第十一號教化所。這種集中營關的多半是輕刑犯或女性脫北者，但也可能跟重刑犯監獄，甚至跟北韓古拉格的政治犯集中營一樣殘酷。在「再教育營」裡，犯人整天都要到田裡或工廠做苦工，但分到的食物很少，大家為了食物碎屑搶得你死我活，有時甚至得吃老鼠充飢。晚上則要背誦領袖的演說，或是上沒完沒了的自我批判課。他們雖然犯了「危害人民的罪」（crimes against the people），卻還沒到無可救藥的地步，所以只要悔改並完成金日成思想的複習課程，就能重回社會。有的犯人會接受審判，有的不會。但我媽認為我爸被送到「較輕微」的拘留所，應該是一個好預兆，心中也燃起了全家能很快再團圓的希望。

媽媽回家讓我跟恩美都鬆了口氣。那天晚上，我們三個人一起擠在火堆旁邊睡，好幾個禮拜以來，我第一次可以放心入睡，不用再提心吊膽。然而隔天醒來，我們就聽到探員大力搥門的聲音。他們來抓媽媽去問話，想弄清楚爸爸被關的事。但警察一看到家裡還有小孩，心就軟了。他們問她有沒有親戚可以在她被抓去問話期間代為照顧我們，她提起了我二伯。於是警察叫我們人民班的班長去找二伯，把他帶來我們家。二伯到了之後，警察吩咐他在我媽不在時照顧我們姐妹，之後警察就把媽媽帶走了。

接下來幾天，我媽沒日沒夜地坐在檢察官辦公室的一個房間裡，埋頭寫下自己和爸爸的自白書，承認他們犯下的所有錯誤。之後有個調查員過來念她寫的東西，問她問題，晚上他們鎖上辦公室的門就回家了，早上才重新回來問話。

最後我媽終於獲釋。警察相信她不會逃跑，但要她之後再回去受訊。

我跟恩美知道她沒跟爸爸一樣被送進監獄，都感激得不得了。可是她來二伯家找我們的時候，我們求她帶我們回家，她去平壤想辦法救爸爸時，我們願意在家裡顧家。伯父和伯母對我們不好，把我們當傭人一樣使喚，我們覺得自己很不受歡迎，媽要是走了，我們不知道會受到什麼對待。我們跟媽說，我們兩個人自己待在家裡比較好，也說我們愈來愈會照顧自己。媽勉為其難地答應了。

每次想到我媽再度離家那天，我還是會忍不住流淚。那天她穿了一件卡其色的夾克，我哭著拉著她的夾克，不肯讓她走。沒有她在的日子很難熬。我好想跟其他小孩一樣，有人在家裡等我回家，跟我說吃飯了或起床了。我好希望媽媽在家。一開始，她裝出沒什麼大不了的樣子，但後來她也忍不住跟著我一起哭。

「研美，妳要乖。」她說：「妳只要睡四十個晚上，媽媽就回來了。」

對我來說，四十個晚上好漫長，而且真的很漫長。接下來七個月，我媽在平壤和惠山之間頻繁來去，常常一去就好幾個禮拜。她到平壤做買賣手錶、衣服和二手電視的生意，這些都是即使被逮到、後果也不會太嚴重的走私商品，但她光是運送這些商品就要花很多時間。後來她只再見到爸爸一次面，兩人都不知道他會關多久。有時她回惠山也沒帶食物或零食回來。更小的時候，我跟姐姐或許會抱怨，但現在不會了。只要她平安無事，我們至少隔一陣子就能見到她，我們已經很滿足了。

這段期間，我跟姐姐不得不休學。在北韓上學雖然都免費，但學生還是得自己負擔用品和制服的費用，而且學生也要送老師食物或其他禮物。我們已經沒有錢負擔這筆開銷，所以根本沒人在意我們有沒有去上學。再說，我跟恩美為了活下去就已經夠忙了，根本沒空去上學。

為了洗衣服和洗碗，我們得先走到河邊，再把冰敲破。我或姐姐差不多每天都要去排隊提煮飯用的水和飲用水。媽媽留給我們的食物每次都撐不久，我們常餓到前胸貼後背。

果然如我媽所料，鎮上的小孩開始嘲笑我們是犯人家庭。大家都在說我爸毀了我們的大好未來，害我們陷入絕境。我們都不理那些閒言閒語，抬頭挺胸地走開，但心裡知道他們說的是事實。我爸一旦成為罪犯、被踢出勞動黨，便決定了我們日後的命運。我們一家人要再像過去那樣幸福，已是希望渺茫。

二〇〇二到二〇〇三年挨餓受凍的漫長冬天過去之後，我的臉上起了紅疹，只要一曬到太陽就會破皮流血。我經常頭暈，腸胃也不好，很多小孩都有這種毛病，後來我才知道我們都得了糙皮病。這是一種因為缺乏菸鹼酸和其他礦物質引起的疾病，長期只吃穀物、沒吃肉，就容易得到這種病。如果沒補充足夠的營養，過幾年就會沒命。

逃到南韓之後，聽說百花齊放的春天在世界其他地方象徵生命和重生，我非常驚訝。在北韓，春天是死亡的季節。每年到了春天，我們的存糧都已見底，新苗才剛種下，田裡還沒長出可以吃的東西。這時候是最多人餓死的季節。我跟姐姐常聽見在街上看見屍體的大人一臉同情地砸著嘴說：「可憐他們撐不到夏天。」

如今，每次四、五月到美國或英國這些地方旅遊，我已經能夠在春暖花開的時節享受大自然，並且開懷暢飲。但我仍然記得以前我曾經多麼痛恨那些翠綠的山丘，只希望那些花都是麵包或糖果做成的。

春天只有一個好處，就是我們不再需要那麼多柴火，還可以走去郊外的小山丘找些小蟲和野生植物填填肚子，免得餓到受不了。有些植物還滿好吃的，比方野生的苜蓿花。恩美的最愛是我們稱為「貓草」的植物，它的綠色葉子又小又軟。我們還會摘某些植物的根來嚼，但只是為了感覺嘴裡有個東西，不會真的吞下去。有一次，我們嚼的根害我們的舌頭腫起來，至少一個小時無法說話，那次之後我們就更加小心了。

很多小孩喜歡追著蜻蜓跑，我要是抓到蜻蜓就會把牠們吃掉。鄰居的小男生有一只塑膠製的打火機，他們教我們怎麼用火烤蜻蜓頭，烤過後會發出一股類似烤肉的香噴噴味道，很好吃。到了夏天，我們還會烤蟬來吃，對我們來說那是人間美味。我跟我姐有時會在野外消磨一整天，盡量找東西填肚子，再走回漆黑死寂的家。

二〇〇三年八月底，我媽回到惠山，叫我們打包幾樣必需品。她的偵訊結束了，但她不能再次丟下我們獨自過冬。我媽賣了我們住的房子，這樣才有錢搬回她在高原的老家。但在北韓買賣土地是一件很弔詭的事，因為所有房產都歸國家所有。所以這是非法買賣，當然這筆交易從頭到尾都不會有紀錄，也沒有簽契約和其他文件。我媽跟買主只有口頭上的約定，相信沒人會去告發他們。

就這樣，我們離開了唯一擁有過的家。

8 朝鮮之歌

媽媽把我們帶去舅舅家借住。民植舅舅跟我爸是老朋友，他跟太太和兩個兒子住在如今已屬於他的老家。他的工作是幫當地的工廠開員工接送車，但在北韓沒人能靠薪水維生。二〇〇二年，工人的平均月薪大約是兩千四百元，照非官方匯率約值兩美金。這麼點錢，連十磅的便宜穀物都買不起，而且物價一直在上漲。家裡突然多了兩個小孩，舅舅根本養不起。

但我媽把賣房子賺到的錢拿去幫舅媽在市場租了個攤位，讓她賺點錢貼補家用。政府已經開始管制市場，跟有篷市場的攤位收取費用，要搶到最好的位置還得拿錢行賄。舅媽開始到市場賣魚和年糕，但生意不是很好。我媽把剩下的錢都交給舅舅管，但他很快就把錢花光。

我們到舅舅家之後不久，我媽的姐姐，也就是我阿姨敏熙（Min Hee）來高原看她弟弟。看我們過得那麼辛苦，她很不捨，於是帶我一起回松南里的鄉下。她丈夫是退休公務員，孩子也都大了，她認為帶我回去不至於負擔太大。

阿姨家是一棟茅草屋頂和木頭梁柱蓋成的傳統建築。屋前是一片乾淨整齊的泥磚院子，有個圓形的磚頭煙囪和爐灶可在外面煮飯。阿姨和姨丈對我很好，但姐姐和媽媽不在身邊，我覺得很孤單，所以常常哭，過了一陣子才適應鄉下的生活。

村裡很少有電，所以大家都不依賴電，生活的方式彷彿現代科技還不存在一樣，晚上出門只靠月光或星光照明。很多女人平常都穿著傳統的長裙。四周圍都是山，泉水乾淨又清澈，可以直接用手盛來喝。最進步的運輸工具就是牛車。

這裡很少人家有時鐘，所以我們聽到公雞啼就會起床。公雞通常很準時，但有時還是會出錯，所以只要公雞沒叫，很多人的作息都會亂掉。阿姨養了很多雞，我的工作就是看著母雞孵蛋，免得其他雞把蛋吃掉或有人來偷蛋。

除此之外，我還要幫忙洗碗和去森林搬柴，但是我一點也不介意。況且，我已經不會再餓到全身沒力。事實上，因為餓太久，我開始吃個不停。就像鳥寶寶，我一張開眼睛就打開嘴巴，眼睛閉上時也跟著閉上嘴巴。阿姨煮了簡單又營養的東西給我吃，都是用她種在院子裡的玉米、馬鈴薯和辣椒做的料理。她還種了番薯拿到市場上賣，但營養豐富的番薯葉留著自己吃，吃剩的就拿去餵豬。房子周圍還有一片葡萄園，我第一次吃到葡萄，那味道棒極了。

我的體力很快恢復，也漸漸胖了回來，甚至開始長高。我的個子雖然不高，但我想要是不用挨餓，也不用常常把水桶扛在頭上走回家，我應該會比現在高很多吧！

阿姨的女兒是咸興市醫學院畢業的學生。我住在阿姨家的時候，我表姐正在松南里的醫院婦產科當醫生。她跟一名當地的警察在父母的安排下訂了婚。我喜歡表姐夫，因為他會把警察突襲沒收的影片拿回來給我們看。

表姐的工作是替人治病，政府卻沒提供醫生用來治病所需的藥物。在大城市，病人有時可以自己到黑市買藥，但鄉下地方未必買得到。離松南里最近的市場至少有五哩遠，也沒有直達的路，得翻過一座山、跨過一條河，再越過一條溪才到得了，連牛車都沒辦法走完全程。因此，很多人碰到緊急狀況就只能束手無策。政府鼓勵大家要靈活應變、自立自強，連醫生也不例外，這是國家倡導的「主體思想」的一部分。所以醫生會自製傳統草藥以備不時之需。表姐常帶我一起上山找不同處方需要的植物、樹皮和堅果。我像隻開心的小狗跟在她屁股後面，學習哪些植物可以用、哪些可以吃、哪些有毒。

這裡的醫生也得自己當農夫。他們栽培藥用植物，甚至自己種棉花再做成繃帶或包紮用品。即使如此，所有的物品還是永遠不夠用。連大城市的醫院都沒有「丟棄式」用品這類東西。繃帶總是洗了再用，護士幫不同病房的病人打針，也都用同一個注射器。他們知道這樣很危險，卻無可奈何。到南韓之後，看到幫我看病的醫生用過的醫療用品馬上丟棄，我覺得很不可思議。

奇怪的是，後來到了南韓，我還是會懷念松南里鄉下的純樸生活。我不知道該怎麼解釋，但那段時間住鄉下的全新體驗，給我一種似曾相識的感覺。在山上被大自然圍繞，我覺得自己比任何時候都要貼近真實的自己。某種程度來說，那感覺就像住在古朝鮮，那個我從高原的外婆口中聽過的古老王國。我想外婆也嚮往這麼一個地方，一個沒人知道、只存在於老歌和夢境中的地方。

在鄉下的這一年，給了我一個可以休息和療傷的地方，但我不可能永遠住在這裡。二〇〇四年初的某一天，我媽帶著噩耗來找我。我爸在一場祕密審判中被定罪並發配到重刑犯等級的囚犯集中營服勞役。我們以為他的刑期是十七年，後來才知道是十年；反正這不重要，因為一進去那種地方很少人能活著出來。這種事大家都知道，因為政府希望人民恐懼集中營。在那裡，你不再被當作人對待，裡頭的囚犯甚至不能正眼看守衛，因為牲畜不該直視人類。他們通常不准家屬探監，連寫信也不行。犯人整天做苦工，只能吃很稀的粥，因此又餓又虛弱。晚上，犯人都擠進小牢房裡睡覺，頭對腳躺在地上，擠得像魚罐頭，只有身強體壯的人才撐得到服完刑期。

想到可能再也見不到爸爸，我從頭到腳起了一陣寒慄。就算爸撐得過來，他出獄時我都長大了，到時候我們還認得出對方嗎？

媽媽希望我們一家人能在一起，所以把我一起帶回高原，說服舅舅收留我們三人。她會去賺錢養活我們。

於是，我、媽媽和恩美搬進連著主屋的小房間。裡頭有張很小的鋼絲床，我們在上面鋪了幾塊木板，但是睡起來太硬，而且搖搖晃晃的。最後我們乾脆把床搬到外面，直接睡地上。門外搭了個小棚子，有個開放式的小廚房，一下雨，水就會滴滴答答打在鍋碗瓢盆上。後來舅舅和他的朋友幫我們砌了一道牆，這樣火就不會被吹熄。後來的兩年我們都住在這裡。

跟惠山比起來，高原是個小城市，人友善多了，小偷好像也比較少。北韓經濟崩潰之後，惠山的治安變得很差，我們還得把值錢的東西藏起來，鎖在門後。衣服得晾在屋裡，因為連曬衣繩上的衣服也會被偷。小偷什麼都偷，連狗也不放過。北韓人養狗有兩個目的：一是看家，二是殺來吃。我小時候，北韓跟亞洲的很多地方一樣，把狗肉當作美食，但我很愛狗，不忍心吃牠們。白天我們把狗拴在外面，晚上再關進家裡，不然就會有人偷狗去賣或煮來當晚餐。

相較之下，高原的治安比較好，但這裡的人一樣很窮。最大的差別是，高原人跟以前一樣還會分享食物。在惠山，我們做了年糕大概會偷偷吃掉，或是只跟較親的鄰居分享。但在高原，家裡如果有年糕，左鄰右舍會過來一起吃到一塊也不剩，就算不想也沒辦法。

高原的舅媽對國家忠心耿耿，還是人民班的班長。人民班每週開一次會，這是國家掌控人民動向及宣布新命令的管道。星期六，我們都要一起上政治宣傳課和自我批判課。這是為學生和工班安排的課程；學生跟課堂報告，工人則跟辦公室報告。

首先，我們要抄寫金日成或金正日的名言，就像其他地方的人抄寫聖經或可蘭經的段落一樣。接下來，要寫下你上週做過的所有事，再來每個人都要站起來，當著眾人的面批判自己。一開始我通常會說：「這一週我太驕縱，對慈悲的偉大領袖永恆不變且無條件的愛，不夠心懷感激。」我還會說我工作不夠勤勞，沒能完成黨要我們達成的目標，或是不夠用功、不夠愛我的同志。最後一點非常重要，因為我們都在同一條路上共同抵抗「美國壞蛋」或「西方豺狼」。最後的結論我會說：「然而，我們偉大的領袖心胸寬大，原諒了我，我對他感激不盡，下週一定會做得更好！」

公開告解、自我批判完之後，就開始批判別人。我每次都會跳出來自願，因為那是我的拿手強項。通常我會挑一個同班同學，那人就得站起來，仔細聽我條列他的不是，比方沒有遵照領袖的教誨，或是沒參與團體任務。我說完之後，挨批的人要謝謝我，跟大家保證他會改進。最後輪到我被批判，我當然討厭被批判，但絕不會顯露在臉上。

惠山的自我批鬥大會有時場面很激烈，在高原更是變本加厲。這個偏遠小鎮的居民都很愛國，真的以為自己是革命鬥士。他們沒有受到太多外在世界的刺激，對國家的忠貞也就沒有因此打了折扣。當局也決心盡可能保持這種風氣。

我快滿十歲了，媽媽幫我報名了當地的中學，雖然我少讀了兩年小學。學校的作業我有看沒有懂，而且高原的學校比之前我在惠山讀的學校嚴格很多。這裡的學生從來不單獨行動，早上大家一起完成打掃街道或擦拭雕像這些勞動服務之後，就要排隊進教室，整齊畫一地甩手，高聲齊唱：「我們的社會主義國家一片光明！我們是嶄新的一代！」放學回家時，同樣的步驟再重複一次。

北韓的學童除了讀書，還有別的工作。學童也是避免國家徹底崩潰的免費勞動力之一。我的書包裡隨時得多放一套工作服，因為學校可能派我們去做勞動服務。春天，我們會到集體農場幫忙種田，工作包括清除田裡的小石頭、播種，還有提水。六、七月我們會幫忙除草，秋天則是到田裡撿收割後剩下的穀粒或豆子。我們的小手很適合做這件事。我討厭這項工作，但老師說現在還有人吃不飽，所以一粒米都不能浪費。

到田裡幫忙幹活的我，只有在發現老鼠洞時才覺得開心，因為老鼠跟我們做的是同樣的事。挖開老鼠洞，你可能會發現牠們儲存的穀粒或豆子，幸運的話還能抓到老鼠。不過，我們在田裡撿到的穀粒都歸學校，沒我們的份。放學時，老師會收走我們找到的穀粒。他們不希望我們藏起來帶回家，於是叫大家排成一排，然後說：「口袋翻出來！」我們學會把制服穿在工作服裡面，這樣就可以把一些穀粒藏在底層，帶回家吃。

肥料短缺是北韓的一大問題。一九九〇年代北韓的經濟崩潰，蘇聯不再運送肥料到北韓，國內的工廠也停止製造肥料。其他國家捐贈的肥料送不到農場，因為連運輸系統也停擺了。農作物因此歉收，飢荒也更加惡化。政府於是想出一個利用當地再生資源來填補肥料斷層的方法：人類和動物的糞便。每個工人和學童都要收集到一定的量。你可以想像這對我們家有多辛苦。家裡每個人每天都要交功課，早上起床就像在打仗一樣。最認真的是我舅媽和阿姨。

「記得別在學校大號！」高原的舅媽每天都叮嚀我。「等回家再上！」

住松南里的阿姨每次出門、不得不在外面大號時，就會大聲抱怨她沒帶塑膠袋，不然就可以存起來。「下次我要記得！」她說。謝天謝地她從沒真的這麼做。

這股糞便收集熱潮在一月達到顛峰，這樣一來，到了耕種季節就能派上用場。我們在北韓的廁所通常和住家有段距離，得提防鄰居晚上來偷拿。有些人為了防賊，還把戶外廁所上鎖。學校老師會叫我們到街上撿糞便帶回教室，所以在街上看到狗大便，對我們來說就像看到黃金。高原的舅舅養了一隻大狗，大便很大一坨，家裡每個人都搶著要。這在西方可不是每天會看到的新鮮事。

我媽在高原做過各種工作，包括臉部按摩、繡眉毛、在黑市買賣卡式錄影帶和電視機，但我們還是吃不飽。我跟姐姐又去田野間找野生植物和昆蟲來填肚子。我喜歡滿山遍野的刺槐長出的甜甜白色花朵，不過最棒的還是蚱蜢。我的運動神經隨著年齡漸漸進步，抓蚱蜢成了我的強項。媽媽會把蚱蜢炸來吃，非常可口！

不過，野外找到的食物通常不太適合人類吃，只能用來填填肚子。在山丘上漫步時，我會摘很多不同種類的葉子，一些自己吃，一些留給家裡養的兔子。兔子是我的好朋友，我們會把食物分給牠們。即使到現在，到野外散步時，我還是認得出哪些植物是兔子的最愛。不過，至今我還是不太喜歡生菜沙拉，因為那會讓我想起以前的苦日子。

住在高原的日子，我從兔子還是兔寶寶時就養起，還幫牠們取「紅眼睛」、「小黑」、「小金」之類的名字。不過牠們不是寵物，因為時候到了，我們就會剝了牠們的皮，把牠們煮來吃。大多數時候，兔肉是我們唯一能吃到的肉。連兔毛都很值錢。北韓的各級學校都要收集兔毛，供應軍方製作軍人的冬天制服。每個學生每學期都要交五副兔毛。但鞣製兔毛皮並不容易，軍方要求的標準又很高，所以校方常拒收品質不佳的毛皮。唯一能確保自己達到定額的方法，就是去市場買專業鞣製的毛皮。校方當然不會把所有兔毛都交給軍方，因為留下一些還可以賣錢。我之所以知道，是因為我媽也做買賣兔毛的生意，有時候她還會從學校那裡買到她不久前才賣給客人拿去交差的兔毛。

這個荒謬的機制便宜了我媽，卻讓其他人都叫苦連天。

大約在我十一歲那年，也開始學爸媽做起生意。媽媽給了我一小筆「創業基金」。我拿這筆錢去買米酒，再拿酒去賄賂看守柿子園（歸國家所有）的守衛。他讓我跟姐姐溜進去摘柿子。我們摘了一大桶，再走好幾哩路把柿子扛回高原，拿到市場去賣。

「來買超級好吃的柿子呦！」我對著路過的行人喊：「來買呦！」那天我賺的錢，不但夠把本金還給媽媽，還能拿去買糖果，以及另一瓶用來賄賂果園守衛的米酒。就這樣，我們做起了賣柿子的生意，後來我媽發現我們來回果園、很快就把鞋子穿壞，她又買不起新鞋給我們，才作罷。

儘管如此，那段在市場擺攤的短暫日子，我還是學會一件很重要的事：一旦自己做起買賣，你就會開始為自己著想。在公共配給系統崩解之前，誰存活、誰挨餓都由政府決定，但後來市場奪走了政府的掌控權。短暫的市場交易經驗讓我體悟到，原來我對自己的命運還有些掌控權。我也因此嘗到一點點自由的滋味。

9 黑市世代

二〇〇五年秋天，我媽得開始躲躲藏藏，因為高原的警察在找她麻煩。北韓人民不能自由選擇居所。離開指定居住地必須得到政府核准，但當局不會讓你輕易拿到許可，只有調職、結婚或離婚例外。即使我媽在現今住的老家（如今歸舅舅所有）出生、長大，她的法定居住地仍是惠山。小孩非法遷移還無所謂，像她這樣的大人就會有大麻煩。

有很長一段時間她平安無事，因為舅舅是黨員，舅媽又是人民班的班長，他們跟地方當局的關係不錯。每隔一陣子，警察就會上門要媽媽去警局一趟，強烈暗示要她賄賂，不然她的事就得公事公辦。只是我媽很忙，沒多留意他們的暗示。警察拖了好一段時間，最後決定把她送去再教育營接受懲罰。我媽一發現警察在找她，就跑去朋友家裡躲起來。因為如此，我爸出現在舅舅家門前的那個晴朗下午，我媽才會不在家。

當時恩美去上學，我一個人待在我們母女三人住的小房間裡。我聽到外面的狗在狂吠，接著聽到一個男人在跟舅舅說話，那一刻我的心跳停止了，因為那個聲音聽起來好熟悉，但我不敢相信是爸爸的聲音。他在牢裡已經將近三年，我從沒期待會再見到他。後來我聽到舅舅喊：「研美！研美！妳爸爸回來了！」

我跑進主屋，看見一個陌生人跟舅舅站在一起。

「爸爸？」我輕聲喊：「爸爸？」

我已經很久不讓自己說出這兩個字，現在說出口感覺好奇怪。我仔細一看，真的是爸爸，但他整個人瘦了一圈，而且頭髮剃光光。以前我總覺得他是全世界最高大的人，是我心目中的英雄，什麼都難不倒他，但眼前的他看起來好瘦小。更糟糕的是，他的聲音細小又害怕，我差點認不出來。我站在他面前，他伸手摸我的臉和頭髮，像盲人用點字看書，一邊說：「真的是研美嗎？真的是研美嗎？」

他沒哭，只是看著我。我已經十二歲，不再是個孩子，都快變少女了。「真的是妳嗎，我的女兒？」

我好想撲進他的懷裡，緊緊抱住他，可是我們寄人籬下，我不敢表現出自己看到爸爸有多開心。以前舅舅跟爸爸是好朋友，現在卻很討厭他，常說他的壞話。他怪我爸不負責任，被捕入獄害得妻女成了別人的負擔。我爸有錢有勢的時候，大家都尊敬他，現在卻這樣對他，我覺得很難過。但過了一會兒，我再也壓抑不了心裡的激動，衝上去緊緊抱住爸爸，很怕他又會離開我們。

爸爸入獄之後，我就不再像小孩一樣撒嬌。現在他回來了，我無論什麼時候都坐在他腿上，就像兒時一樣。我想回到童年，做那時候會做的事。以前我會坐在爸爸的膝蓋上，像馬一樣彈跳。我想重溫那種感覺，甚至要求他用腳把我舉起來，像在坐飛機。可憐的爸爸努力配合我，但很快就把我放下來，說：「哎呀！我的小可愛真的長大了！」「小可愛」是我年幼時的小名，再次聽到它從爸爸嘴裡說出來，我不禁紅了眼眶。

恩美放學回家後，我們找人去通知我媽。爸爸跟我們說他病得很重，因為塞了錢給典獄長，才能暫時請假出獄。

幫爸爸換衣服時，看到他的身體狀況，我們非常驚訝。他的骨頭清晰可見，皮膚也因為營養不良片片剝落。我媽要我跑去買些豆腐水回來幫他洗澡，幫助傷口癒合。他餓壞了，什麼都想吃，但餓了那麼久，身體一下子根本負荷不了。所以我們得看著他，確保他一次只吃一點點飯，免得吃太快弄壞了身體。

等到他漸漸恢復、說話不那麼吃力，他才跟媽媽說他出獄的過程。

典獄長知道他是因為重大的商業罪行入獄，而爸爸也騙他說，他把一些錢藏在惠山的一個女人那裡，如果典獄長讓他請病假，他願意給他一百萬元當作謝禮。那是很大一筆錢，都夠買一棟好房子了。見錢眼開的典獄長信了他的話，只是我爸根本沒打算付他錢，就算有錢也一樣。他推算只要他因病出獄，獄方就會害怕受賄情事曝光，不敢貿然將他抓回監獄。過一陣子，獄方或許會說我爸已經好轉，可以重回監獄，但這等到以後再煩惱了。

我爸說服典獄長先讓他回高原探親，再到惠山拿錢。到高原他會去找他二哥，請他幫忙找醫生治療他日漸惡化的腸胃毛病。典獄長派一名獄醫與他同行，表面上是要護送他回惠山，真正的目的當然是拿錢。但是他不會得逞的，因為根本沒這筆錢。

我爸在高原待了幾天就前往惠山。他在那裡安頓好，就會派人來接我們。

這段期間，我媽決定到警局自首，後來她被送到名為「工人訓練所」的地方接受一個月的再教育。那裡就像流動式的勞改營，犯人都睡在一間爬滿蝨子的房間，白天被送去造橋或到大型工地做工。我媽那一隊只有幾個女人，但守衛都把她們當男人一樣使喚。只要有人動作太慢，整隊就會被罰晚上繞著營房跑，不准睡覺。為了不讓這種事發生，犯人看到誰動作太慢就會去揍他一頓，根本用不著守衛出手。由於工作速度快到讓人受不了，有些囚犯待了幾個月就只剩半條命。我媽開始服刑時，秋天已經接近尾聲，她冒著寒風在戶外做工，沒戴手套，身上只穿一件薄夾克。

有時工地在很遠的地方，但要是離高原近一點，我跟姐姐會去工地看她。我們第一次去，早上五點就起床煮飯，好帶去給她吃。我們知道犯人在營中永遠吃不飽。我煮了一小顆南瓜，把米和玉米加進去。我還切了一些白蘿蔔，然後用鹽醃過。醃蘿蔔是窮人的泡菜。我們買不起醃傳統泡菜用的辣醬。

我們從早上六點、天還沒亮時開始走，半路卻轉錯彎，而且愈走愈餓，使吃起我們帶來的食物。等走到工地，東西都被吃光了。我們覺得很過意不去，但媽媽看到我們好高興。她還是我們熟悉的媽媽，擔心我們更甚於擔心自己，還拿水給我們喝。守衛只給我們幾分鐘的時間團聚，我們只要可以就會來看她，順便帶食物來給她吃。

幸好我媽在工人訓練所服刑的時間不長。她賄賂了警局裡的某個人，所以十六天就出來了。回到高原休息幾天之後，她搭火車回惠山看我爸。她知道只要她的合法居住地還在惠山，警察就會纏著她不放。所以解決此事的唯一辦法，就是趁我爸還活著跟他離婚。他們還愛著對方，但兩人私下說好，離婚只是為了解決現實的問題。如果有一天他不得不回監獄，我們一家人住在高原會比較適合，因為那裡比惠山溫暖，花費也比較省。所以他們很快地採取行動，在二〇〇六年四月正式離婚。

另一方面，爸爸有個朋友讓他免費借住一個地方，等他有錢再付清。他計畫在我媽的幫忙下，重新把生意做起來。他希望我們暫時搬回去跟他一起住。五月時，我自己搭火車北上去找爸爸；幾個月後，媽媽和恩美也來了。我們一家終於團圓。

我爸住的公寓位在渭淵郊區一棟八樓公寓的頂樓，就在惠山老家以東幾哩遠的地方。從公寓可以俯瞰鴨綠江，窗戶看出去就是中國。總共有三個房間，我們跟另外兩家人合住。牆壁很薄，所以說話要非常小聲，不然大家都會聽到。公寓沒有電梯，我們得在漆黑的樓梯間爬上八樓才能到家。這也是為什麼在北韓，樓層愈低的公寓愈搶手。換句話說，錢愈少就住得愈高。

爸爸去醫院做了腸胃檢查，但醫生仍找不出病因。他陷入了兩難，一來他想工作卻病到無法工作，二來如果他好起來就得回監獄，最後弄得不上不下，處境很尷尬。他的身分證在入獄時就被銷毀，因為只有人才有資格擁有身分證，而他被視為低等人。沒有身分證寸步難行，他也無法出門買進金屬再轉賣給走私客。此外，他常常得去跟警察報告，警察也隨時留意他的一舉一動。他只能待在家照顧我和姐姐，由我媽接管他的生意。

供我爸爸地方住的朋友願意出一點錢，贊助我媽提議的事業。她跟對方的兒子一起到松南里附近的一個地方買銀，再帶回惠山賣給走私客。爸媽靠這些買賣賺了一筆小錢，但我們還是很窮，經常只有發黑的冷凍馬鈴薯可吃，爸爸的病也因此更加惡化。

搬離惠山之後，我很想念那裡，迫不及待想要再見到兒時的朋友。瑩子長大好多，變得好高（至少以北韓人的標準來看）。她從以前就很強壯，現在學了跆拳道，甚至比以前更強悍。跟她在一起很有安全感，因為我離開的這三年，惠山變了很多。由於跟中國合法或不合法的交易往來，惠山變得更熱鬧也更繁榮。年輕人的打扮和舉止也變得很不一樣。大一點的女生會用從邊境走私進來的「Magic」髮膠把頭髮弄直，還有人染髮、穿牛仔褲。穿牛仔褲在北韓是非法的，因為牛仔褲象徵墮落的美國，要是被警察抓到，他們會拿出剪刀把褲子剪破，之後可能還會強迫你接受一天的再教育，或為期一週的勞動服務。儘管如此，也阻止不了年輕人嘗試新事物。

瑩子跟我說，青少年現在都在「約會」，其實就是男生、女生在一起消磨時間，這對我來說很不可思議。連幼稚園小朋友都假裝自己有男、女朋友。她教了我一些時下男女互動的新規矩。比方說，如果妳從男生面前經過，他用嘴巴發出嘖嘖的聲音，除非妳想跟他約會，不然不該轉頭看他。如果妳轉頭看她，他就纏上妳了。我搞不清楚狀況，犯了好幾次這種錯誤。老實說，我覺得自己好土。瑩子還笑我說話有高原腔。北韓內陸城市的人說話比邊境城市的人慢很多。從高原回到惠山，就好像美國人從亞特蘭大搬到紐約市一樣。我花了一段時間才改掉高原腔。

我轉進渭淵的中學念書，交了新朋友，多半是大我幾歲的女生。這次我又跳過幾個年級，程度落後其他人很多。恩美從高原回到這裡已經十五歲，也重回學校上學，很快有自己的朋友圈，我們不再像以前那麼常一起玩。此外，她也開始跟一個她喜歡的男生約會，對方的父親是中國人。我媽一直勸她分手，因為他的出身成分不好，甚至比我們還糟。恩美聽話照做，但還是免不了為此和家人衝突。

我的新朋友都從南韓連續劇和國外的音樂錄影帶得知最新的流行資訊。沒人家裡有電腦，當然也沒有網路非法下載國外影片，片子都是每天晚上從中國跨河偷渡過來的。輕薄的DVD取代了笨重的卡帶，方便商人帶更多貨過來。幾年前的涓涓細流，如今氾濫成災。

我有些朋友家裡的房間裝了很厚的窗簾，方便看DVD，這樣我們就可以在房間裡放電影、隨著原聲帶的音樂起舞。我們也聽錄音帶和CD，只要是能弄到手的都不放過。我跟姐姐最喜歡傷心的情歌。我們最愛的一首歌說的是情投意合的兩個人打勾勾，發誓永遠對彼此死心塌地，其中一人卻突然消失。每次聽到這首歌我們都會哭出來。

要不是有這些外國的DVD和CD，我們不會知道除了歌頌金日成和金正日以外的任何歌曲。有時我們會自己改歌詞，把一首歌變得更有趣。有個常跟我們玩在一起的高年級男生會彈吉他，大家跟他一起彈彈唱唱時，會故意漏掉有關金氏家族的歌詞。每次唱這些歌，我都覺得更加自由。沒被逮到算我們好運，但我們都年輕，沒多想未來的事。

我這一代或更年輕一代的北韓人有時會被稱為「黑市世代」，因為我們從小跟著市場一起長大，完全不記得國家供應人民一切所需的年代，也不像父母那一代，盲目地效忠國家政權。然而，儘管市場經濟和國外媒體減少我們對國家的依賴，我的腦袋還是沒辦法一下就跳脫現狀，把我愛看的外國電影和連續劇當作可能成真的一種生活形態。

我快要進入青春期了，漸漸對戀愛感到好奇。我跟姐妹淘會幻想電影裡的情侶看著彼此的眼睛、情話綿綿的畫面。我們喜歡模仿電視裡的人，如果有男生約我們出去，我們還會要求他們學南韓男生說話。不過，北韓的「約會」當然比我們看過最純情的戀愛情節還要純真。我只在電影上看過男、女主角談戀愛，根本不知道當攝影機把鏡頭轉開時，《麻雀變鳳凰》的女主角在幹嘛。那時候我們都很單純無知。我感興趣的是電影裡的漂亮衣服，我跟瑩子還幫我們的紙娃娃依樣畫了幾件。

說來丟臉，我從來不知道親吻是男女之間的浪漫舉動。小時候爸媽常親我，我以為每個人都是這樣表達自己的親情或愛意。北韓沒有所謂的性教育。或許女生結婚前一天，母親或醫生會提起性事，但我自己從來沒聽過。小時候我問過媽媽很多次我是怎麼出生的，但她只說我長大了就會知道。我想男生也跟女生一樣單純無知。

在惠山，很少人家裡有室內電話，只有有錢人才拿手機。男生要約心儀的女生出去，唯一的方法就是當面問她。但是父母當然不希望女兒跟男生出去，他們那一代還是把約會看成一件丟臉的事，所以男生得想辦法克服這個障礙。我知道有幾個男生想約我，每個都曾試著爬上八層樓梯，來敲我們家的門。

我媽會很生氣，隔著門怒吼：「滾出去！走開！」她不讓我出門。男生為了躲我媽，會在學校先告訴我暗號，傍晚再到我家樓下大喊暗號，我聽到之後便會找藉口下樓。當然也有男生想約我姐姐，加上我們住的公寓也住了很多年輕女孩，所以太陽下山之後外面會有很多雜音。

我一直對約會沒什麼興趣，直到遇上我的初戀情人春健（Chun Guen）。那年他十八歲，比我大五歲，上的學校是集合兩江道最優秀學生的特級中學，再一年就要畢業了。他比一般的韓國男人高，皮膚白，說話輕聲細語。有一次我去他住的大樓（就在我們家隔壁）

找親戚時跟他巧遇，之後我們還在走廊或街上碰到。一開始，他只是對我點點頭或打聲招呼。有一天他突然開口約我出去，我很想答應，但還是狠心拒絕了。我知道我們之間只會悲劇收場。

我們家不久前才搬來這裡，所以春健不知道我是罪犯的女兒。他家有錢有勢，父親到國外留學，拿到博士學位，現在是傑出的大學農業教授。母親是很重要的政治人物，在勞動黨擔任高官。要是他父母發現我們在一起，他一定會有大麻煩。如果他要跟我認真交往或結婚，那麼他的一生就毀了，不但無法加入勞動黨，也無法到頂尖的大學念書或在事業上出人頭地。我會像個傷口、像個累贅一樣拖累他。所以我一再拒絕他。

但他還是不肯死心。於是有一天，我答應去參加在他們家辦的一場派對。那天他父母不在，而且還有很多他們學校的同學，我想應該沒關係。我是裡頭年紀最小、肯定也是最窮的客人。突然間我強烈意識到自己身上穿的破舊二手衣，還有褲子上的破洞。韓國人進到別人家裡會脫鞋，大家都看得到我的醜襪子補過多少次。置身在這些富家子弟間，讓我覺得無地自容。

春健家的公寓感覺好大，大小跟我們家一樣，但只住了一戶人家，而不是三個家庭。看到垃圾桶裡有柳丁皮和蛋殼，讓我很驚訝。雞蛋在我們家是少見的人間美味，只有新年和特殊日子才會吃。柳丁更是奢侈品，印象中我從沒吃過完整的一顆。我們還很富有的時候，爸爸曾經帶一顆回來，我只吃了一小片。再說，把皮丟掉真是浪費。

我努力假裝自己屬於那裡，假裝自己聽得懂大家說的話。春健正在解釋他在學校怎麼用電腦，我禮貌地點頭微笑，儘管我一台也沒看過。北韓的一般學校都沒有電腦。我覺得很困窘，莫名其妙地生春健的氣，便提早告退。出了門，我一路跑回家。

我想一切都結束了，但春健很有耐心也從不記恨。每次看到他，我的胸口都一陣刺痛，但不是因為肚子餓。我有時會答應跟他見面，條件是他得保密。我們會等到天色全黑才見面，要是讓鄰居看到我們在一起，他會陷入險境。如果在路上看到對方，我們其中一個就會故意走到另一邊或是改走另一個方向。

春健查出我住的地方，某天晚上他來敲我家的門。爸媽對他留下了深刻的印象。我媽覺得他大方有禮又聰明，我爸還叫我請他來家裡吃晚飯，但我拒絕了。我不希望他看到我們家有多窮，而且我還沒告訴他我爸是罪犯。何必呢？我知道自己不可能嫁給他那樣的人。我的未來一片黯淡，我上不了大學，說不定最後只會當一個苦哈哈的農夫妻子——如果我沒先餓死的話。

冬天到了，我們家的情況愈來愈不樂觀。老舊的鐵路系統都靠電力運轉，現在北方供電吃緊，電力很弱，從平壤開來的火車還沒到惠山就得靠站，再掉頭往回開。過了一陣子，火車完全停駛，我父母等了又等都等不到火車。現在從平壤帶金屬回來只能靠汽車，但那根本不可能。爸媽沒貨可以賣，也沒人肯再借他們錢，他們只好把留著做生意的資金拿出來用，但錢很快就花光了。

風都從河那邊吹過來，我們的公寓冷得像冰庫。爸爸每天必須上山找木柴回來生火取暖，餓了就吃雪果腹。媽媽什麼小買賣都做，但也只能買一些玉米或冷凍馬鈴薯回來。現在我們隨時處於飢餓的狀態，我不再幻想能吃到麵包，只要下一頓有東西吃就好了。少吃一餐就可能餓死，那成了我最大的恐懼和執念。你不再在意食物的味道，也不再感覺到吃東西的樂趣，只剩下存活下去的動物本能。吃東西時，你不知不覺會計算每一口食物能讓身體撐多久。

我父母輾轉難眠，擔心自己醒不來，也擔心自己的孩子會活活餓死。晚上他們清醒地躺在床上時，又開始思索要怎麼做才能讓我們活下來。

10 中國的燈火

我們一家人的命運已經徹底改變。二〇〇七年二月，我們在二伯家過農曆年時，再也無法迴避這個事實。小時候，我爸爸是家族裡最有錢的人，大家都會來我們家過年。現在二伯家比較好過，過年就由他作東。然而，二伯沒把我爸當弟弟看待，反而把他當傭人一樣使喚。事實上，爸爸出獄回到惠山借住二伯父、二伯母家那幾個月，他們還要他幫忙打掃家裡。他們怪爸爸毀了他們的生活。他們的出身成分本來就不佳，現在我爸又成了罪犯，讓他們更抬不起頭。連堂哥、堂姐都當著親戚朋友的面，對我爸沒大沒小。新年期間，他們甚至不讓過去到我家跟我爸一起喝酒吃飯的鄰居跟他坐在一起聊天。那天晚上對我爸來說宛如苦刑，但是他又能如何呢？

入獄之前，我爸是個聰明、風趣又愛開玩笑的人。即使我才十三歲，也看得出來他服刑期間精神大受打擊。他不敢直視警察的眼睛，即使是曾經到我們家跟他喝酒談笑的警察也是。我爸以前很愛聽南韓的音樂，現在卻拒聽，只因怕有人聽到會去告發他。出獄後他只唱一首歌，那就是〈國家比生命貴重〉，有段歌詞是「蓊鬱森林在高山綠野奔放，我卻一棵樹也沒種下……」，他跟我兒時記憶中的爸爸判若兩人。

新年過完，我們終於可以回家，對我來說簡直如釋重負。

二伯家離我們住的公寓大樓有兩哩半的路程。爸爸還留在二伯家，我跟媽媽和姐姐沿著幽暗的河自己走路回家，單靠對岸中國燃放的煙火指引。我住在北韓，一個理應是全世界最幸福的偉大國家，心裡卻羨慕極了住在河對岸的中國人。我還是不敢想為什麼北韓這裡不像他們那裡什麼都有，但我知道我想去有燈光和食物的地方。我就像一隻飛蛾，不由自主地被火焰吸引，卻沒去想背後的原因。要是當時我知道那些燈火對我這樣的北韓人代表什麼意義就好了。追隨那個燈火，日後將賠上我的純真，甚至人性。

每年新年，金正日會發表一份人民必須背誦下來的新年聲明。二〇〇七年的聲明跟之前大同小異：北韓人民變得更為強大，我們會擊敗敵人，經濟會逐漸好轉。但我們再也無法相信這些宣傳辭令，因為生活愈來愈難熬。我父母再也無法忍受這樣的生活。他們知道自己的女兒在這裡不會有未來，兩人開始討論出路。

我們認識一個到俄羅斯工作的人。雖然是去做苦工，起碼他吃得飽，沒餓肚子，還賺了錢，回國後甚至用這筆錢成功創業。爸爸還認識另一個人被派到利比亞當勞工，幫國家賺取外幣。回來之後，說他在那裡的生活很孤單，三年沒見過家人，但至少有東西吃，有時還吃得到雞翅。

我們都餓壞了，想聽他說每個細節。他說利比亞人吃很多雞肉（我們很吃驚），但他們通常不會整隻雞都吃，而是把雞翅切掉，便宜賣出，便宜到連北韓人都買得起。利比亞聽起來就像天堂。我爸一直想出國，希望在國外賺到錢寄回家，但是他以前沒抓住機會，現在更不可能。

北韓人從小被灌輸一個觀念，世界上其他地方都很邪惡、可憎又危險。最可怕的地方就是南韓，那裡是個人渣池，是全民都該唾棄、恐懼的美國壞蛋統治下的貧窮殖民地。我爸沒興趣去南韓，但中國就不一樣了。如果有辦法過河，我們說不定有機會。

爸媽竊竊私語商量著他們現有的選擇，聲音小到連老鼠都聽不見。我們還有親戚住在中國，但爸媽聯絡不到他們。或許只要想辦法越境，就能找到親戚幫我們的忙。我們都知道他們在中國過得很好，也看過中國的電視和電視廣告的各種奢侈品。我們認識一些去過中國的人，包括二伯，他們說中國人有好多東西可以吃。也有傳聞說，北韓的年輕女人在中國很好找工作。最近有些青少女突然不見人影，大家私下都說她們去了中國。或許我跟恩美也可以在那裡找到工作。我媽還聽說中國的小孩太少，我和姐姐年紀還小，說不定找得到願意收養我們的家庭。

但是在一個沒有網路或外界報紙的地方，根本不可能得到可靠的消息。你要是問東問西，可能被人舉報，所以我們不確定那些傳聞是真是假。爸媽雖然熟悉黑市，但他們只跟帶貨到中國的走私客做生意，在中國沒有自己的聯絡人。一般的走私客不做人口買賣，那種交易比一般交易危險許多。再說，要突破層層監視、自己過河，實在太冒險了。我們需要找個掮客先買通邊境衛兵，帶我們過河。問題是，要到哪裡找這樣的人？

爸媽要我跟恩美明察暗訪，弄清楚其他女生都怎麼去中國。爸爸也勸媽媽如果找到門道，乾脆跟我們一起走。他說他會留下來，因為他在中國應該找不到工作。此外，爸爸也擔心他逃走會害到北韓的家人。如果是女性逃到中國，政府不會太當一回事，家屬通常不會受罰。如果叛逃的是男性，政府就會嚴懲他的兄弟姐妹和家人。他們可能會失去醫生和教授的職業，甚至坐牢。即使二伯對他那麼壞，爸爸的心還是向著家人。

再說，爸爸不覺得我們會跑很遠。「妳們到中國安頓下來之後，新年就到河邊來。」他對我們說：「到我們常去游泳和洗衣服的河邊，我在那裡等妳們。」

於是，我跟姐姐開始跟朋友打聽消息，我也豎起耳朵留意周遭的動靜。某天，我無意中聽到鄰里一個女人跟朋友說一件奇怪的事。她說她認識一個年輕女人，她過了河到中國之後，去敲長白市人家的門。有戶人家讓她進門，給她好吃的食物和漂亮的衣服，後來希望她嫁給他們的兒子，她聽了很不高興，就想辦法從原路逃回惠山，不幸被邊境衛兵逮到。有個鄰居說這女孩真笨，竟然拒絕了這種好事。

我聽不懂她意指何事。

如今回想起來，我很納悶我們怎麼會那麼天真。那時我們甚至對「人口買賣」一無所知，無法想像把人賣掉如此邪惡的事。我們也不懂批判性思考，因為從小到大所受的訓練都要我們別問問題。事實上，我以為只要平安過河、不被衛兵逮到或射殺，一切就會沒事。話又說回來，當你餓到不顧一切，什麼危險你都不會怕，只要能活下來。

即使在計畫逃亡期間，我還是偷偷跟春健見面。我們之間是純純的愛，甚至沒牽過手。某天晚上我們的公寓正好全黑，我們站在走廊盡頭的樓梯間，有扇打開的窗戶正好對著鴨綠江。長白市的燈光一如往常在遠方閃閃發亮。我覺得冷，他把他的夾克披在我肩上，把我摟進懷裡。

我問他：「住在那麼明亮的地方，會是什麼感覺？」

「我不知道。」他說。

我不能把我們的逃亡計畫告訴他。反正無所謂，我知道他四月就要去當兵了。北韓年輕人通常要服十年兵役，但因為他們家的背景好，他只需服役兩年。退伍之後，他會去上大學，大好前程已經在前方等著他，他卻說他希望我等他。我們剛剛搬來這裡，他還沒聽過我爸的事。「給我八年，研美。」他說：「等我八年，我就把妳娶回家。」他說他無論如何都會想辦法每個月回來看我。聽他這麼說，我心都碎了。那些我夢寐以求的燈光突然間看起來好殘酷。

隔天早上，春健來接我一起去逛惠山的市場。那天天氣不好，他叫了一輛摩托計程車來載我們。那跟一般摩托車有點不同，有四個輪子，後面還有開放式後座。我們爬進後座，蓋上帆布避雨。到了市場，他要我挑一條喜歡的項鍊。我選了一條鑰匙形狀的項鍊。他說這把鑰匙可以打開我的心，而他就是鑰匙的主人。我對他笑了笑，內心卻像石頭一樣冰冷。

我找不到掮客帶我們去中國，但恩美認為她找到人了。她還不知道對方的名字，但她說我們得盡快行動。春天快到了，不快點走，江水就會開始融化。

只是我們還沒訂好計畫，某天早上醒來我發起高燒。「怎麼了，孩子？」我遠遠聽到媽媽的聲音，卻難受得張不開眼睛。之後我開始嘔吐，不久全身起了大片紅疹。我覺得自己快死了。聽說有種可怕的病毒從中國傳進來，大家都束手無策。媽媽跟人借錢買藥給我吃，過了幾天我還是毫無起色。我的肚子好痛，什麼都吃不下，瘦弱到連走路都有困難。所以他們把我帶到醫院。

醫生幫我檢查過後，判斷是盲腸炎，要幫我割盲腸。因為我爸年輕時也得過盲腸炎，爸媽都認為除非開刀，不然我一定會沒命。照理說，我們享有免費的醫療服務，醫生竟要我們支付開刀費用。聽起來很無情，但政府幾乎沒給醫生任何資源，索賄是他們唯一能存活的方法。後來爸媽不知是怎麼說服了醫生，他們答應只要我們提供開刀所需的麻醉藥和抗生素，醫院就願意幫我開刀。我媽回到我們以前住的街坊，跟金鍾愛（住我們隔壁的好心婦人）借了兩萬元，再拿著這筆錢到黑市買藥。

然而，醫生開了刀才發現我的問題不在盲腸，而是腸子嚴重發炎。無論如何，他們還是幫我割了盲腸，打了很多抗生素，再幫我縫合。只是他們幫我打的麻醉藥太輕，手術還沒結束我就醒過來。言語也無法形容我當時有多痛。我痛得哇哇大叫，他們還得壓住我才行。我以為自己會瘋掉，但他們終究完成了手術。後來，我媽帶一些止痛藥給我，我終於昏了過去。

再次張開眼睛時，我只知道自己在醫院的病房裡，媽媽坐在我旁邊。床位都滿了，所以我躺在地上的棧板上。媽媽摸著我的手，過一會兒，我發現手上戴著戒指，是一枚金色的戒指，上面鑲著小小的玻璃鑽。

「媽，這哪來的？」我昏昏沉沉地問。

「妳睡覺的時候，春健來過。」她說。他給我帶了果汁和零嘴，還有我手上的戒指，打算開完刀給我一個驚喜。但是我睡了好久都沒醒來。媽媽說他握著我的手好一會兒，走之前就把戒指戴在我的手上。

後來他來看我的時候，第一件事就是看我的手。

「研美，看到妳戴著戒指，我很開心。」他說。

我努力擠出笑容，讓他看戒指戴在我的手指上有多鬆。「太大了。」我說。

「那麼妳得好起來，吃胖一點。」

我住院時，他幾乎每天來看我，而每次看到他，我都很開心。

因為我們沒錢賄賂醫院，護士都不理我，媽媽只好留在身旁照顧我。她從照顧傷口到找食物餵我吃，什麼事都得做。醫院的設備差，環境又髒亂，每次去上廁所，我都得爬起來穿過一個開放的院子，走到戶外廁所。一開始我還站不起來，後來我能自己走去廁所時才發現，醫院竟然把遺體停放在院子裡。住院那段期間，好多具遺體像木材一樣堆在我的病房和戶外廁所之間。更恐怖的是不分日夜啃食那些遺體的老鼠。那是我看過最駭人的畫面。老鼠最先吃的是眼睛，因為那是人體最柔軟的部分。到現在，我還看得到那些空洞的紅眼睛，它們出現在我的噩夢裡，我害怕得失聲尖叫，從夢中驚醒。

我媽不敢相信醫院就這樣把屍體丟在大庭廣眾之下。

「你們為什麼不能把屍體運去埋了？」她問一個路過的護士。

護士聳聳肩。「要滿七具，政府才會來收屍體，現在只有五具。」說完她就走掉了。

媽媽一直堅持自己的信念，相信北韓是一個好國家。看見自己的國家變得如此腐敗、無情，她既震驚又難過。現在她更加確定不能讓女兒在這樣的地方長大，我們一定要盡快離開這裡。

醫生說我要在這間可怕的醫院住七天，才能幫我拆線。那時已經快三月底，再不過河，河水就要融化了。但是我身體還太虛弱，沒辦法遠行。

三月二十五日，我預定出院的前一天，姐姐來醫院看我，媽媽也在醫院裡陪我。姐姐說她不能再等下去了，所以她找了一名掮客帶她去中國。她已經十六歲，開始有自己的主張。儘管媽媽把她拉到一邊，求她等等我，恩美卻說：「不行，我今天晚上就要跟朋友的姐姐過去。不抓住這次機會，恐怕就沒望了。」我媽覺得，恩美似乎認為到中國沒什麼大不了，不過是去另一邊看一看，或許馬上就會回來。媽媽覺得這樣的心態不正確，但她無法說服恩美留下來。

那天晚上，恩美又跑來醫院。「我們今天晚上走不了。」她說。

「看吧，要逃走沒那麼容易！」媽媽說。

「等著瞧。」姐姐說：「我們已經約好明天晚上走。」

11 姐姐失蹤

隔天，二伯借了一輛車來醫院載我回家。爸媽希望醫生幫我拆線，讓我回家，但他們不肯。因為我們還欠他們錢，我得再住一晚。

當天稍晚，姐姐跟她朋友來醫院一趟。恩美穿著輕薄的黑色衣服，頭髮紮在後面。聽說我還不能出院，她怕其他人聽見，悄聲對媽媽說：「對不起，我今晚就要走了。」

媽媽不相信她自己辦得到，只說：「好吧，妳會回來的。」她沒抱抱她，甚至沒說再見，為此她悔恨了好多年。想起那一晚，我到現在還是會流下眼淚。當時我們不知道恩美有多想離開。那天，爸爸特地做了一道菜給我吃，是馬鈴薯泥加香料油炸而成，很少見也很貴。爸爸看我瘦成那樣，好多天沒吃固體食物，才特別做了這道菜，讓恩美帶給我。但那天晚上我很不舒服，根本吃不下。

「姐，我不餓。」我說。

「那我吃掉，妳介意嗎？」

「不會啊，妳吃。」我說。

恩美坐在我旁邊，一口接著一口把薯餅塞進嘴巴，一副怕人把食物搶走似的。

「好好吃。」過了一會兒她說：「別跟爸說是我吃掉了。」

「好，我答應妳。」

想起那段時間還是讓人心痛。所有人心裡想的只有吃。

那天晚上，媽留下來陪我。恩美沒來，我們以為她大概回家了。但清晨五點我爸走進病房時，整個人都在發抖。

「恩美呢？」他問：「她在這裡嗎？」

「沒有。」我媽說：「她沒跟你在一起？」

「沒有。」他說：「她整晚都沒回家。」

恩美走了。媽媽從沒想過她會自己行動，心裡很自責，難過到喘不過氣。爸爸擰著手。恩美要是掉進冰冷的河水淹死了怎麼辦？他們要是找不到她的屍體該怎麼辦？爸媽說要立刻去找她，我得馬上出院。他們去找醫生不斷地求他，最後他終於幫我拆線。

我還是沒力氣走路，但春健前一晚過來時，主動提出要來帶我出院。看到他帶來一個有摩托車的朋友，我好高興。他朋友在外面等，我們單獨在病房裡相處了一會兒。春健終於坦承他知道我們家的背景。住他那棟樓的一些女生知道他來醫院看我，心裡很不是滋味，跟他說了我爸坐牢的事。但他說他不介意，還是希望我嫁給他。他是個很樂觀的人，有自信讓我成為世界上最幸福的人。我什麼都沒說，只是微笑。這樣對我來說已經足夠了。在我最需要幫忙的時候，他願意給我一點溫暖、光亮和希望，我一輩子都會感激他。

我們一起走出醫院，他的朋友發動摩托車。一路上，春健緊緊抓著我。我沒辦法爬樓梯，所以他揹著我爬了八樓回到我家，一開始還很英勇，後來滿身大汗。

「妳好像變重了！」他咧嘴笑說。

我只敢微笑，因為大笑會很痛。

終於到家了，我還是不好意思請他進門，不想讓他看到我們住得多寒酸。所以互道再見後，他就走了。

一進家門，我就看見爸媽挨著彼此坐在地上。還是沒有恩美的消息。爸爸默默流淚，身體前後搖晃。他不敢發出聲音，怕鄰居聽到會知道我們家出事了。他們問起怎麼沒看到恩美，他就說：「她去找朋友了。」不能讓鄰居知道真相，不然他們會去告發我們。所以那天我們只能在家裡等，期待恩美回來，同時擔心她會遇到危險。各種想法掠過我們腦海。什麼都不知道是最大的煎熬。

我虛弱又疲倦，本想直接上床睡覺，卻意外發現恩美在我的枕頭下留了一張字條。上面寫著：「去找這個太太，她會帶妳去中國。」她留下一個地址，就在渭淵火車站對面的河岸附近。

隔天早上，爸媽帶著恩美留下的字條，去找跟恩美一起逃走的女生的家人。之後，兩家人一起去找恩美留下的地址。有個女人來開門，我媽問她：「我們的女兒在哪裡？妳把她怎麼了？」

女人搖搖頭。「我聽不懂妳在說什麼。」她說：「我根本不認識妳女兒。」

他們無可奈何，只好先回家。

過了幾天，還是沒有恩美的消息。三月三十一日，我爸要我媽去幫他跑腿，處理一些生意上的事。我還是很虛弱，不過可以走一點路，就跟她一起去了。她打算順路去一趟恩美朋友的家，問問他們有沒有女兒的消息。

到了那裡，我們發現他們家像在辦喪事一樣氣氛凝重。大家眼淚汪汪，女孩的母親傷痛欲絕。「都是我的錯。」她哭喊，說女兒一直在挨餓，無論給她什麼都吃不飽。「我跟她說她吃太多了。要是知道她會這樣不告而別，我就不會這樣說她了。」她淚流不止，她丈夫求她平靜下來。「再這樣哭下去會死人的。」他說，但又低聲對我和我媽說，他女兒走了也好，留在國內她根本活不了。有些住附近的女人說，如果有機會，她們也要去中國。

離開了他們家，媽媽想到另一個策略。她一心想確認恩美是否安抵中國，便要我獨自去找那名掮客，跟她說我也想去中國。我們希望對方會讓我進門，這樣我就能察看屋裡的狀況。我們懷疑姐姐還在那間屋子裡。

我去敲門時，上次那個女人又來開門。她大約四十出頭，年紀跟我媽差不多，但她懷裡抱著還在喝奶的嬰兒，身上的衣服破破爛爛。我趁機往門內窺探，發現屋子破舊不堪，好像隨時都會倒塌。看見我單獨前來，她突然變得很親切。我跟她說我想去中國，她說她可以安排。接著我把我媽叫來，但那女人擋住門口，沒請我們進去，我們只好站在外面說話。這時候，她還是不承認她認識我姐，但似乎更積極地要贏得我們的信任。

「你們在這裡等。」她說。

她繞到轉角，等了一會兒才過來帶我們走進一條巷子，介紹我們認識一個態度也很親切的孕婦。

「如果妳們想，今天晚上就可以過河。」那名孕婦說。

直到那一刻，我才知道自己有多想離開北韓。第一次去敲掮客家的門時，我還沒意識到這點。但是當時我下定決心：我要去中國，媽媽也要一起去，而且今天就動身。我們原本的計畫是我跟姐姐先去中國，但現在我知道我不能丟下媽媽。

我抓住媽媽的手，說：「媽，我們一定要走！不然就沒機會了！」媽媽卻想掙脫我的手。

「研美，我不能丟下妳爸不管，他生病了。妳要自己去。」

我抓住她的手不放。「不行，如果我放開妳的手，妳會死在北韓的。妳不走，我就不走！」

她哀求著說：「至少讓我回家跟妳爸說一聲再來。」

我不肯讓她離開，即使是回去告訴爸爸。爸爸一定會想辦法阻止她，不然她自己也會改變心意。我知道只要讓她離開我的視線，就再也看不到她了，所以我好說歹說，勸她無論如何都要跟我一起走。我跟她說我們會找到恩美，先在中國安頓下來，之後再接爸爸過來。在我的想像中，我們還是可以隨時回去，隔著江水跟爸爸揮手，就像以前在對岸問我餓不餓的中國小孩一樣。不過最重要且真正要緊的是，明天我們就不用再擔心沒東西吃了。我不讓她有選擇的機會。

我握著媽媽的手，跟那名孕婦說：「如果我媽能一起來，我就走。」

「妳們兩個可以一起走。」她說。

「那麼我姐姐恩美呢？」我問：「到了那裡，我們能找到她嗎？」

「一定可以的。」女人說：「河對岸的北韓人都住在同一區，妳們一定能找到她。」

我們不疑有他，因為在北韓就是如此，不同社群集中住在不同的區域，所以我們從沒想過要問對方為什麼要幫我們、為什麼我們不用付她們任何錢。我們沒想到可能有什麼地方不對勁。我母親雖然在黑市工作，還是相信人。北韓人就是有一種我很難清楚解釋的單純天真。

那一天，我們在不同地點跑來跑去，那名孕婦帶我們到惠山郊區的不同建築物，要我們在外面等她。到了傍晚，我們躲進一間公廁，對方塞了些輕薄的深色衣服給我們，要我們換上。女人說，穿上這些衣服，我們看起來就會像過河走私貨品的搬運工。如果被抓，這就是我們的說詞。只要說有人付錢要我們到中國取包裹，我們打算拿了包裹馬上回來。

之後她就消失了，兩個年輕人從屋裡走出來，帶著我和我媽穿過後街和小巷離開市區。他們說如果走大路，會被人瞧見，那樣可能會有大麻煩，所以帶我們走山間小路（就是我們去撿木頭的陡峭山丘），東繞西繞才回到河邊。我開完刀不到兩個禮拜，走這段路耗盡了體力。那兩個年輕人走得很快，後來我的側腹實在痛得受不了，稍微拖慢了速度。一開始，只有那兩個年輕人幫我們帶路，後來又來了另一人，比另外兩個年紀更輕，卻很像老大。他跟我們說了更多到中國後該注意的事。

「過了河之後，別跟任何人說妳們的真實年齡。」他說：「我們跟對岸的人說，妳們一個十八歲、一個二十八歲。太小或太老，他們都不收。也別讓他們知道妳們是母女，他們沒料想到是這樣，可能會有麻煩。」

我覺得很奇怪，但我必須相信他們，才能得知逃到中國最保險的方法。當時我們已經走了一整天，天色漸暗，從早上到現在都沒吃東西，對方也沒拿東西給我們吃。後來，前兩個人停下腳步，要我們跟著最年輕的那個走。他帶我們走到懸崖邊。天色很暗，但我們看得見底下有條大路，還有一段陡峭的河岸通往結凍的河面。

「跟著我走。」男孩說：「不管怎樣都不能發出聲音。」

第二部

中國

12 黑暗的彼岸

過了河，我們沒時間休息。就算通過了北韓衛兵那一關，我們還是可能隨時被中國巡邏兵逮到，送回北韓。帶路人要我們繼續走，所以我跟媽媽尾隨他爬上冰凍的河岸，走到一間黑漆漆的簡陋小屋前。有個矮矮胖胖的禿頭男人在那裡等我們。

「這邊，把你們的衣服給我，換上這些衣服。」他說。聽他的口音就知道他是長白市為數眾多的朝鮮裔中國人之一。我們在黑暗中脫下衣服，換上另一套便宜的中國衣服。現在就算我們被攔下來，至少看起來像本地人。北韓帶路人陪在我身旁，但那個禿頭掮客把我媽拉到小屋旁邊。

「別擔心。」帶路人跟我說：「一切都很順利。」

但聽起來卻不是這樣。我聽到媽媽在哀求那個男人，接著響起我以前從未聽過的可怕聲音。

後來我才知道發生了什麼事。那名掮客跟我媽說，他想跟我發生關係。那一刻，我媽的腦筋必須動得很快，不能讓對方知道我是她女兒，而且才十三歲。他可能會把我們送回去，任由邊境衛兵逮捕我們。最後媽媽跟他說我剛開完刀，還很虛弱，而且傷口會裂開。

「我會輕一點。」他說。

「不行！不可以！」我媽大喊。

「妳是怎樣？」他問：「幹嘛替那個女孩操心？」

「我是她阿姨。」我媽說：「我們本來不應該告訴你的。」

「現在是什麼狀況？」他說：「如果妳們有問題，我們會直接把妳們送回去，讓衛兵逮捕妳們。」

「我們不會給你惹麻煩的。」她說：「讓我代替她。」

他把我媽推倒在泥地上鋪的一條毯子上（顯然以前就使用過），強暴了她。

幾分鐘後，掮客跟媽媽從小屋一側走出來，這時一輛車開過來。所有人都爬上去，我跟媽媽坐後座，車子沿著河開了一陣子。我感覺到事情很不對勁，但仍然不知道我媽為了保護我做了什麼事。

「媽媽，發生了什麼事？」我問，一直忘了不能叫她「媽媽」。

「沒事，別擔心。」她說，但聲音在顫抖。

我不習慣坐車，不久便暈車想吐。媽媽讓我把頭枕在她腿上，緊緊握住我的手。但車子轉彎時，她叫我抬起頭看。窗外可以看見對岸北韓的漆黑樓房。

「看，研美，這可能是妳最後一次看見家鄉了。」我媽說。

車子經過我們住的公寓大樓時，我的心揪了一下。我知道爸爸在家裡等著我們回家。我發誓我看見窗前的燈光一閃，好像是爸爸在對我打暗號。但媽媽說不是，那只是我的想像，那裡從來就沒有燈光。

我們的下一站是掮客在長白市住的公寓。

「現在是什麼狀況？」媽媽問年輕的北韓帶路人。

「聽這些人的話就對了，不會有事的。」他說。

禿頭掮客的太太也是朝鮮族，腰部以下全部癱瘓。她母親跟他們住在一起，幫忙照顧她。掮客的家裡有電，他一看清我們的臉就勃然大怒。「她們根本不是十八歲和二十八歲。」他對我們的帶路人咆哮。我媽努力圓謊，最後終於說服掮客她其實是三十四歲（她真實的年齡是四十一歲）。但他一看就知道我還是小孩。他打了通電話，用韓文跟某個人理論，我聽得出來跟錢有關。

他太太坐在床上看著一切，終於把現實的狀況解釋給我們聽。

「如果妳們想留在中國，就要賣給別人當老婆。」她跟我們說。

我們聽了目瞪口呆。「賣掉」是什麼意思？我無法想像一個人怎麼可能「賣給」另一個人？我以為人只能買賣狗、雞或其他動物，不能買賣人。「當老婆」又是什麼意思？眼前發生的事讓我難以置信。

看我們猶豫不決，她對我們失去了耐心。

「現在就決定！快點！」她催促我們。「賣掉還是回家，只能二選一。」

打從我抓住媽媽的手不讓她走的那一刻起，我們之間的關係就改變了。從現在開始，做決定的人是我。我媽看著我，問：「妳想怎麼做？」

我想都沒想就說：「我想吃東西。」我們一整天都沒吃東西，而每件事都令人困惑又害怕，我關心的範圍變得很狹窄。

「我知道，」她說：「但是研美，妳想回北韓嗎？」

我想了一下。如果我們被賣掉，至少我們會在同一個村子裡。到了那裡，我們可以再計畫下一步。只要留在這裡，我們就可以去找恩美，還有東西可吃。

「我想留在中國。」我說。

「很好。」禿頭掮客說。

「你知道我大女兒恩美的下落嗎？」媽媽問：「她應該到了中國，但我們完全沒有她的消息。」

禿頭掮客說，他幾天前應該接到兩個女孩，但兩人都沒出現。我們來的前一天他才試過，但聯絡不到人。據他所知，她們應該還在北韓，他跟我們保證，那兩個女孩很快就會到中國，我們會在許多脫北者聚集的村子裡見到面。

「好。」我說：「我們同意。」

他又打了一通電話，不久來了一個很胖的中國人和一個瘦巴巴、操著北韓口音的女人。他們跟禿頭掮客坐下來，當著我們的面商量我們的價錢。胖子志方（Zhifang，編按：書中提到的中國老百姓名字都是音譯）是人口販運鏈的另一個中間商，最後人口販子會把我們賣給我們未來的「丈夫」。我們得知，媽媽和女兒通常會一起賣掉，但賣的價錢比兩個年輕健康、可分別賣掉的女人少很多。所以北韓的人口販子跟禿頭掮客說了謊，現在換禿頭掮客跟中國的中間商說謊，隱瞞我們是母女的事實，還騙他我已經十六歲，目的是為了拿到更高的價錢。

志方看著我問：「小妹妹，告訴我妳的真實年齡！」

我個子嬌小，很難說服他我有那麼大，最後只好坦承我才十三歲。

「我就知道！」志方說。

最後他們終於達成交易。起先北韓人用五百元人民幣把我媽賣掉，大約相當於六十五美金（二〇〇七年的幣值），志方則用相當於六百五十美金的金額買下媽媽。我最初的價錢相當於兩百六十美金，之後以將近兩千美金（一萬五千元人民幣）賣給志方。這個價錢會沿著人口交易鏈層層往上加。

我永遠忘不了聽他們議價時的強烈羞辱感。短短幾小時內，我們從人變成商品，那種感覺超越了憤怒。要不是被卡在恐懼和希望之間無所適從，否則我無法想像為什麼我們要忍受那種羞辱。我們全身麻木，所有想法都壓縮到最迫切的需求：離開危險的邊境地帶。離開那個可惡的禿頭掮客和他可怕的老婆。總之，先弄到東西吃，再把其他事情搞清楚。

一旦談定價格，北韓帶路人、志方和跟他一起來的女人便離開公寓。最後，他們終於拿出食物給我們母女吃。看到那個岳母把一整碗飯和一些醃辣黃瓜放在我面前時，我不敢相信自己的眼睛。我從沒在冬天看過小黃瓜，這個時候吃到簡直有如奇蹟。能自己吃一整碗飯也很不可思議。在北韓，我得把食物跟其他人分享，碗裡總是得留點東西。在家裡，把食物吃光既沒禮貌又很丟臉，因為你明知道客人會吃你剩下的東西。但是在這裡，米很充足，自己吃一整碗也不成問題。而且，公寓裡的垃圾桶丟掉的食物，比我在惠山一個禮拜看到的還多。我突然對自己的決定非常滿意。

清晨五點，大雪繞著公寓飛舞，有輛計程車停在轉角。我們走出門，禿頭掮客叫我到大門口等，然後他把我媽推到地上，像動物一樣當著我的面強暴了她。我在媽媽的眼中看到巨大的恐懼，但是除了站在原地發抖，默默祈求一切趕快過去外，我別無他法。那就是我的性啟蒙。

發洩完後，禿頭掮客帶我們去坐計程車，把我們推進後座。我跟我媽嚇得說不出話。車裡還坐了一個三十出頭的北韓女人，她也才剛越過邊境。志方的助理坐在司機旁邊的副駕駛座，她名叫勇善（Young Sun）。勇善跟我們說，我們被賣掉前要先去另一個地方。我跟媽媽抱在一起，努力鎮定下來。我一路幾乎都在暈車，車子開過中國鄉下，大家很少說話。最後我們終於在一個似乎是大城市的郊區停了下來。我媽不會說中文也看不懂中文，但她在大學學過一點英文。她看到一個用中、英文標示的牌子，才知道我們到了吉林省的省會：長春。

我們已經察覺中國的空氣不太一樣。在北韓，我們住的地方籠罩在灰塵和燃燒垃圾散發的煙霧中。在中國，世界似乎變乾淨了，你聞得到四面八方燒菜煮東西的香味。

勇善跟胖揹客志方住在一排樸素的公寓大樓裡，但在我眼中算是很豪華了。一進門，她第一件事就問我們：「想吃什麼？」

「雞蛋！」我說：「我想吃蛋！」

自從爸爸被捕之後，我只吃過幾口蛋，而且只有新年才吃得到。勇善一口氣煎了五顆蛋放在我面前。我用柔軟的麵包把濃郁的蛋黃吸乾時，對中國的印象更好了。

之後，我們聽說了勇善的故事。她原本在北韓做走私生意，後來開始負債終至破產。志方問她願不願意到中國跟他一起住，他願意給她工作。現在志方不再親自運送他在邊境買的女人，都由她出面，所以風險由她承擔。他們兩人像夫妻一樣住在一起，但沒結婚。因為勇善沒有合法權利也沒有身分證明，隨時會被逮到，遣返回國。

住在中國的脫北者幾乎每天都活在恐懼中。越境逃到中國的北韓男性通常會到田裡工作，賺取微薄的薪水，但是他們不敢吭聲，因為雇用他們的農人只要通知警察，警察就會來逮捕他們，把他們遣送回國。中國政府不希望移民源源湧入，但又不想跟北韓領導人撕破臉。北韓不只是中國的貿易伙伴，也是中國邊境上的核武國家，更是中國和南韓美軍之間的重要緩衝。北京政府拒絕將脫北者視為難民，而是當作非法的「經濟移民」，一律遣返。逃出北韓之前，我們當然不知道這些事，還以為在這裡會受到歡迎。在某些地方，我們確實受到歡迎，只不過不是政府當局。

北韓女人在中國鄉下很受歡迎，因為中國的女人不夠多。中國的節育政策只准大多數夫妻生一個孩子，而中國的傳統觀念又重男輕女。很多夫妻會打掉女嬰，或在生產時偷偷結束女嬰的生命（據人權團體所說）。結果就是男性人口多於女性，男人到了適婚年齡找不到老婆。男女比例失衡的現象在鄉下尤其嚴重，因為鄉下的年輕女性很多都到大城市找工作，追求更好的生活。

身心有障礙的男人更難找到老婆，這些男人和家庭為北韓進口新娘／奴婢創造了市場。只是買新娘並不便宜，有時要好幾千元，相當於一個窮苦農人一年的收入。人口買賣和奴隸婚姻在中國當然不合法，由此生下的小孩不被視為中國公民。這表示他們不能合法上學、沒有合格的身分證明，長大後也不能去找工作。人口買賣從頭到尾都很不人道，但在中國東北依然是一筆大生意。

我跟我媽還有另一個北韓女人吃飽休息後，從長白回來（跟我們分開行動）的志方坐下來跟我們討論往後的事。他說另一個中國男子會來帶我們去鄉下，幫我們配對。

「不能把我們一起賣掉嗎？」我媽問：「她其實是我女兒，不是我的外甥女。」

志方聽到這事似乎並不驚訝。「抱歉，妳跟妳女兒得分開賣。」他說：「我在妳們兩個身上都砸了錢，這是我唯一能回本的方法。」

「但是我女兒怎麼能結婚？」我媽說：「她才十三歲。」

「聽著，不用擔心，我同意她還太小。」志方說：「我跟妳一樣是人！怎麼忍心把一個十三歲的小孩賣去當人家的老婆？」他說如果我媽同意跟我分開賣，他和勇善願意把我留在身邊，等養大一點再決定要怎麼做。目前他們會先給我媽一個電話號碼，這樣她就能跟我保持聯絡。

我跟媽媽討論了幾分鐘，我們認為這大概是目前最好的解決辦法。

我媽說好，她願意單獨被賣掉。

「好。」志方說：「妳們還想吃點什麼？想吃西瓜的話，明天我買一顆回來。」

隔天早上，志方和勇善帶我出門，那是我第一次有機會好好看看中國。我們經過一些店鋪，我第一次看見櫥窗內的人體模型，搞不清楚那是真人還是假人。

勇善看我眼睛瞪得那麼大，就說：「小朋友，那只是娃娃。」

我不敢相信店裡有那麼多商品，餐廳和小販賣著各式各樣的食物。你可以在街上買到烤玉米，還有我從沒看過、用不同水果做成的水果串。我認得的水果只有草莓，因為以前在課本上看過。

「我想吃那個！」我指著那水果說。

他們買了一串給我，那是我第一次吃到草莓。我難以相信世界上有這麼美味的東西，要我一串接著一串吃都不成問題。一開始，我擔心這些奢侈品太貴了，但我的新朋友要我不用擔心。

到目前為止，我認為中國一定是世界上最棒的地方，幾乎把前幾天的恐怖經歷全拋諸腦後，腦子裡裝滿我得學會的新東西。我不喜歡聽不懂周圍的人說的話，所以我要勇善教我幾個中文字。我學的第一個句子是「Zhe shi shen me?」意思是：「這是什麼？」不管到哪裡我都指著東西問：「這是什麼？」然後勇善會教我怎麼說。

第一次走在中國的街道上，勇善就得教我認交通號誌，免得我在路上亂闖。惠山沒有交通號誌，反正路上也沒幾輛車。到平壤時我年紀還小，根本沒注意路上交通是怎麼運作的。但在這裡，你得抬頭看燈號再過馬路，不然會被車撞到。沒過多久，我已經頭昏腦脹。眼前的五光十色和人來人往，看得我頭都暈了。汽油、烤肉和廢氣的味道讓我反胃，差點吐在街上。

掮客夫妻帶我回公寓。一進去，他們便說跟母親道別的時候到了。志方會帶她和另一個女人去找下一位買主。我突然從夢中驚醒。我媽要走了，把我留給陌生人照顧。媽媽為了我，努力要堅強起來；我看得出她美麗而疲倦的臉上帶有一股決心。

「要當個聽話的孩子。」她對我說：「每天把房子打掃乾淨，煮飯給他們吃，這樣他們就會覺得把妳留下來是值得的。」她掏出口袋裡胖掮客給她的電話號碼給我看。「我一有機會就打給妳，說不定恩美會在那裡等我。」

前一天晚上，掮客給了我們用塑膠袋包裝的中國白麵包。那麵包又軟又好吃，我決定留一半讓媽媽帶在路上吃。我想去拿的時候，卻發現那個北韓女人偷吃了我的麵包。結果跟媽媽擁抱道別時，我沒有任何東西可以給她。

媽媽走了之後，我哭了一陣子。志方和勇善為了逗我開心，還帶我去餐廳吃晚飯。自從上次跟爸爸在平壤上過館子，我沒再進過餐館。以前我從沒看過免洗筷，志方和勇善教我怎麼扳開筷子又不會把筷子折斷。他們點了大盤大盤的青椒炒豬肉和炒飯，我吃到肚皮都快撐破了。

那天晚上，勇善幫我上了一堂衛生課。以前我從沒看過坐式馬桶，她教我怎麼使用；

我本以為要爬上去蹲在上面，跟我們在北韓用的蹲式馬桶一樣。她還教我在洗手台怎麼洗手，並提醒我使用牙刷和牙膏的正確方法。爸爸被捕後，我們家變得很窮，都用手指沾鹽來刷牙。她還告訴我中國女人月經來的時候怎麼使用拋棄式衛生棉。以前在北韓，我們都用薄布代替，因為要經常洗，每個月有幾天我都關在家裡。她把包在薄薄塑膠袋裡的棉花軟墊拿給我的時候，我完全不知道該怎麼用，而且那味道好香，我很想把它留起來用在別的地方。但同時，我覺得衛生棉讓女人更自由，這個概念很棒！

隔天，她帶我去一間可讓女人淋浴的公共澡堂。我在電影裡看過人淋浴，但這是我第一次親自體驗。熱水噴灑而下沖洗全身的感覺真好。勇善用真正的肥皂幫我從頭到腳搓洗一遍，然後在我頭上噴了殺頭蝨的藥，再用蓮蓬頭幫我沖乾淨。北韓每個人都有頭蝨，想甩也甩不掉。這對我來說是一大解脫。

幾小時後，我整個人煥然一新，穿著新衣服、頂著乾淨的頭髮走回公寓。志方看到我的時候，說：「妳看起來好閃亮！」

另一方面，媽媽跟偷吃我的麵包的北韓女人被賣給了另一個人。他是人口販賣鏈裡一個叫弘偉（Hongwei）的「大老闆」。專做北韓婚姻買賣的黑幫分成不同階級，最低階的是北韓這邊的供應者，再高一層是長白的禿頭韓裔中國人或長春的情侶檔這樣的中間商。像弘偉這樣的大人物屬於最高階級，底下常有一整批掮客在幫他們做事。

弘偉是漢人（中國最大的民族），半句韓文都不會。他身材高大，三十出頭，有一張馬臉，一頭濃密的頭髮。他們一行人坐公車、再轉計程車深入中國內陸，我媽根本不知道他們要去哪裡。他們在鄉下一間又冷又黑的房子過夜，有名老翁過來幫他們生火。弘偉向媽媽示意這就是要娶她的人，要她跟他睡覺。其實他們騙了她，那人只是另一名掮客。層層而上的人口販子會在賣掉女人之前利用她們，弘偉也不例外。我媽別無選擇，只能接受。

隔天，弘偉帶我媽和另一個北韓女人到錦州郊外的一間鄉下房子，那地方約在北京東北方三百哩處。他讓她們梳洗一番，給她們新衣服和化妝品。另一個女人很快就被賣掉，我母親則花了較長的時間才配對成功。接下來幾天，弘偉帶她到處找不同的男人，聽他們討價還價；她覺得自己像市場上待售的馬鈴薯。有的男人說她太瘦，有的嫌她太老，所以她的價錢一直往下掉。有個女人帶著精障兒子來買她，我媽拒絕了。（掮客多半不會強迫女人接受配對，因為他們知道這樣女人會想辦法逃跑，對交易沒好處。但如果女人太不講理，他們會揍她們一頓，或把她們交給警察遣送回國。）最後，有個農人家庭帶著三十出頭的單身兒子來找老婆，我母親以相當於兩千一百美金的價格賣給了他們。

那天，這家人帶她返回農舍。那地方看起來前不巴村、後不著店，房子很簡陋，是石頭和灰泥搭成的，上面是鐵皮屋頂。那時候是初春，田地都犁過了，不久就能種下玉米和豆子。我媽那時只會說幾個中文字，還是設法向她的新「丈夫」表達她想用他的電話打給我。一開始他拒絕了，但我媽哭著哀求了幾天，他終於點頭。她打到胖掮客的手機找我時，我開心得不得了。

「妳見到恩美了嗎？」我問她。

「沒有。」她說：「我還沒見到任何北韓來的人。」

聽她的聲音，我就知道她的狀況很不好。她有好幾天沒睡覺，又不知道怎麼跟新的家人說她需要安眠藥（以前我們還買得起時她吃的那一種）。她很後悔把我丟下，不能再保護我，也還沒找到姐姐。我一直安慰她，要她別擔心，一切還好，而且她有電話，隨時可以聯絡到我。

後來過了好幾個禮拜，我才又接到她的電話。那家人把家裡的手機、錢，甚至食物都鎖了起來。她發現他們不只想把她買來當媳婦，還要她為全家人做牛做馬。除了煮飯，她得打掃家裡、到田裡幹活。她一次又一次求他們讓她打電話給我，但無論她怎麼哀求，他們都不理不睬。他們對待她就像農場的牲畜，根本沒把她當人看。

13 與魔鬼交易

我媽才走三天，志方就想強暴我。

他的公寓有兩間臥房，中間隔著一條走廊。我獨自睡在志方和勇善對面的那間臥房。某天晚上，滿身酒味的他爬上我的床，粗糙的手抓住我。我嚇了一大跳，拚命踢他，想擺脫他的手。

「安靜！」他噓聲說：「妳會吵醒她的！」

「你不放手我就尖叫！」我說，他只好不情願地放開我，走回他跟女朋友的房間。

過了兩天，他又想侵犯我。這次他先把勇善給灌醉，趁半夜溜進我的房間，我一樣又踢又叫還咬他。我想，唯一能自保的方法就是表現得像個瘋子。我瘋狂掙扎，他知道如果要得逞就得狠狠揍我，甚至殺了我，但那樣我就不值錢了，於是他只好放棄。

「算了。」他說：「但不准妳再留在這裡，我要把妳賣給農夫。」

研美的父母在北韓首都平壤的動物園合照。

上：研美一歲生日。
右：研美出生滿一百天。

研美約兩歲。

由左到右：姊姊恩美、祖父、研美。

上：研美和恩美一起滑雪橇，
分別約三歲和五歲。
左：穿雪衣的研美，約三歲。

研美和恩美在一個雪天裡，穿著禦寒衣物。

研美（右）三歲，恩美（左）五歲。

左：全家福，1996 年。研美三歲，恩美五歲。

下：一家人在惠山（中國和北韓的邊境城市）的合照。

研美三歲大。

研美和恩美穿上衣物禦寒。

上：在惠山照的全家福。

左：研美和恩美穿著姊妹裝。

研美（第三排左第二個）和恩美（第二排左第一個）參加親戚在鄉下的婚禮。

研美在平壤，約八歲。

上：研美的父親被捕前在平壤攝。

左：研美與父親。父親被捕前攝。

研美與母親在父親過世前為他照的最後一張相片。

重新團圓，恩美、媽媽和研美。2015 年首爾攝。

「隨便。」我說：「賣就賣啊。」

幾天後，當初買了媽媽、再把她賣掉的男人上門來把我帶走。

弘偉不是他的本名，但反正他說的話沒一樣是真的。他跟我說他今年二十六歲，其實是三十二歲。他不知道我的真實年齡，因為志方跟他說我十六歲。大家都是騙來騙去。

我正在努力學中文，但聽得懂的很少，弘偉只能靠肢體語言跟我溝通。他先帶我去中國餐廳吃了早餐，才展開這段漫長的旅途。我很害怕，雙手不停發抖。我在中國遇到的每個掮客都想強暴我，我想這一個也不例外。弘偉一直比手勢叫我吃，但我吃不下。即使我仍然很瘦、營養不良，卻完全沒有食欲。我來中國原本是想吃飽，現在卻想到食物就噁心。

我們轉了好幾趟公車，才到弘偉的地盤：從古城朝陽延伸到熱鬧的港口城市錦州。一路上的停靠站很多，某一站有個小販上車來賣冰淇淋。弘偉買了一支給我，我很久沒吃東西了，食欲突然回來。我很難相信怎麼會有東西這麼好吃。我吃掉了整支冰淇淋，吃完之後還在腦中回味不已。

那天晚上，我們在錦州郊外的小鎮旅館過夜。抵達時已經傍晚了，我又難受到吃不下東西，於是弘偉帶我到雜貨店買些補給品。我知道他希望我挑些自己需要的東西，但我從沒看過那些奢侈品，一直跟他說我什麼都不需要。他只好自己幫我選。後來他幫我買了一支漂亮的牙刷、肥皂，還有一條繡了花樣的漂亮毛巾。他看到我因為營養不良又長期暴露在北韓的寒風中，皮膚變得很乾燥，便買了保濕乳液給我。看到這些昂貴的東西，我漸漸卸下心防，心想或許這個人沒那麼糟。

到了旅館之後，他讓我看一種我從沒看過的手機。這種手機不只可以拿來講電話，還可以播放音樂跟照相。弘偉正在教我怎麼重播影片時，我母親突然出現在螢幕上跟我揮手打招呼。我好開心，簡直不敢相信自己的眼睛。

「媽媽！媽媽！」我對著手機大喊，從他手中搶過手機。我以為她在跟我說話，想要回答她。弘偉嚇了一跳，他不知道他不久前才賣掉的女人是我母親。之前，他也教了我媽手機的用法，還幫她拍了一段影片作為示範。

當我發現媽媽不是透過電話在跟我說話時，我的心一沉。看到她的臉我好高興，我想這表示我一定很快就會見到她。

那天夜裡，弘偉比手畫腳跟我說他就是我的丈夫，要我跟他睡覺，然後試圖強暴我。

我再次反擊，像個瘋婆娘又踢又叫兼咬人。我叫得很大聲，我敢說聽起來一定很像我們房間發生了命案，所以弘偉只好作罷，乖乖睡覺。我整晚貼著牆壁，瞪著血紅的眼睛，就怕他再侵犯我。

隔天早上，弘偉想用禮物和溫情收買我。他帶我去一家店買了牛仔褲、毛衣和球鞋。我在北韓偷看中國的電視節目時看過那種鞋子，一直夢想要有一雙。現在美夢成真了，我卻高興不起來。我漸漸明瞭，就算擁有全世界的美食和球鞋，也無法讓我開心起來。物質的滿足對我已經毫無價值。我失去了家人，失去了家人的疼愛，失去了自由，從此要過著躲躲藏藏的生活。我還活著，卻失去值得活下去的一切。

在小鎮待上一天後，弘偉雇了一輛計程車載我們到錦州。他在一個老社區的四樓公寓租了一間套房，附近就是動物園和一座大公園。對我來說，那是個不錯的地方，但我很怕跟弘偉在一起。他又想強暴我，我同樣拚了命反抗他。我的體內彷彿住了惡魔，全身充滿恐懼和憤怒，只要他睡覺時不小心碰到我，我都會發了瘋地大哭大叫，想停也停不下來。我哭鬧到差點昏過去，我想他也嚇到了。弘偉知道他不能逼我就範，除非他想毀了我。

於是，他把我關在公寓裡好幾天或好幾個禮拜，我不知道有多久。只有送食物給我時，他才會打開房門，但我還是不肯改變心意。有一天，他決定讓我看清自己的處境。

我們搭了兩、三個小時的車到鄉下的一戶人家。弘偉介紹一個懷了身孕的年輕北韓女孩給我，她跟一個中國男人住在一起。弘偉要她幫他翻譯，確認我明白他的意思。他說如果我不跟他睡覺，他就要把我賣給農人，他要我明白他給了我更好的選擇。

「就讓他賣了我。」我對那女孩說。

弘偉不敢置信地搖著頭，他把我留在屋裡好好想清楚。女孩跟我說，弘偉預期我會賣到很高的價錢，因為我是處女，而且年紀顯然很輕。

我想我可以信任這個女孩，畢竟我們都是北韓人，她會同情我的處境。「妳能不能救我？」我問她：「能不能幫我逃走，然後找到我媽？」

她把事情告訴她丈夫，他們答應要救我，我們一起擬好了計畫。於是，我趁弘偉不注意時從後門溜出去，爬出圍牆，跑到森林裡的一間破舊老屋。那女孩的中國婆婆很快就來跟我會合，幾小時後，一個男人騎摩托車載我到他們親戚位在深山裡的一棟小屋。

到了那裡，我才知道自己上了當。北韓女孩和她丈夫聯手把我從弘偉那裡偷過來，現在打算自己把我賣掉。他們帶了另一名掮客來山裡看我，北韓女孩跟我說：「如果妳答應跟這個男人睡覺，他會幫妳在大城市找個年輕又有錢的丈夫，這樣妳就不用嫁給農人了。」

我還是不肯，還跟他們說除非我死，不然絕對不可能。

北韓女孩花了約一週在山裡來來去去，試圖說服我。這給了我充裕的時間練習中文，我學得很快。

同時間，弘偉找了一些幫派的朋友幫忙找我。他們騎著摩托車到處找，搜遍附近的房子和小屋。把我偷走的那對夫妻騙弘偉說我逃跑了，但他不相信他們的話。他威脅他們，要他們把我交出來，但對方不肯招認，把我帶走的中國男人甚至說要幫忙找我。

弘偉透過他在這一行的人脈，終於查出我的藏身處。他去找那對夫婦談判：他們要是不跟他合作，他就去警局告發他們，那個北韓女人會被遣送回國；如果他們把我毫髮無傷地交出來，他會付錢把我買回去。他們答應了這筆交易。於是，弘偉第二次花錢把我買下。我從不知道實際的金額，只知道這次的價錢比之前他從志方那裡把我買走時高很多。

當另一個男人騎著摩托車來山中小屋載我，我以為我終於得救了。誰知道他直接把我載到市區，弘偉和一群模樣凶悍的人正在那裡等著我。

「妳沒事吧？」弘偉問：「有沒有受傷？」

我搖搖頭。我已經聽懂更多他說的話，但我並不想跟他說話。

北韓的新娘／奴隸如果逃跑，掮客通常會把他們揍得很慘，甚至會殺了他們。但弘偉沒有這麼做，他看到我回來好像真的很高興，還訂了一桌酒菜犒賞幫忙找我的兄弟。那天晚上，我們就搭公車回錦州。

從公車站走回公寓途中，我心裡很篤定也很平靜，因為我已經打定主意自我了斷，不再忍受這種生活。我已經失去所有事情的掌控權，但起碼還可以為自己下這個決定。離開北韓之後，我天天哭，哭到無法相信自己竟然有那麼多眼淚可以流。但是在人世的最後一天，我不再哭泣。

正當我想放棄，弘偉心中則充滿了希望。他不是信仰虔誠的人，但有時會求佛祖保佑。宗教的概念對我來說很陌生。北韓人崇拜的對象只有金氏父子，我們相信的是「主體」，也就是金日成一手打造的民族自主教條。國內禁止人民信奉任何宗教，違者可能賠上性命。但北韓很流行算命（非正式核准），很多人對日期和數字很迷信，因此我可以瞭解弘偉為什麼那麼迷信。他邊走回公寓邊數步伐，進門之後還把相同數量的金紙（獻給陰間或死去祖先的假錢）拿去燒。他希望這麼做能為我們之間的關係帶來好運，可惜沒效。

他又一次想強暴我。他把我的手按在床上，但我對他拳打腳踢，好不容易才掙脫他。我跑去廚房抓起刀子，然後衝去陽台，把刀子架在脖子上。

我用韓語大喊大叫：「你要是敢過來，我就跳下去！」他聽不懂我在說什麼，但看我的眼神就知道我想尋短。

弘偉哄著我說：「別動，別動。」他說了幾個我聽得懂的簡單中文字，然後比手畫腳跟我說他心裡的打算。「妳當我老婆。」他說：「媽媽來，爸爸來，姐姐來。」

突然間，他的話打動了我。我慢慢放下刀子。我們坐下來，他用肢體語言和簡單的字彙跟我解釋他的想法：如果我當她的「小媳婦」（就是小妾），他就幫我找到我媽，帶她回來。之後再回北韓找我爸，付錢請掮客帶他來中國。他也會幫我找到我姐姐。

如果我不聽話呢？現在他顯然已經無法賣掉我，只好把我交給中國警方。我當然絕不容許這種結果。

那時我根本無法理性思考，但是我看到一個不只能救我、還能拯救家人的機會。我一直以來只想到自己，現在得到一個把家人放在自尊之上的機會。我寧可死，也不要忍受被強暴的屈辱。但現在我有了另一個選擇：自私地尋死，還是救我的家人？

首先我要考慮的是：我能信任這個男人嗎？

從離開北韓到現在，每個人對我說的都是謊言，但弘偉對我提出這個條件時，卻讓我相信他是真心的。畢竟我逃跑之後，他想盡辦法找到我。他也知道如果他不守諾言，我會自我了斷；他雖然野蠻，對我卻似乎是真心的。

最後我別無選擇。

有很長一段時間，我都把它當作一種交易，而不是強暴。直到現在，經過時間的洗禮，我才能接受其中的殘酷和醜陋。當時我才十三歲又六個月，在同齡孩子中又特別嬌小。當弘偉壓在我身上，我覺得自己會裂成兩半。我好害怕，而且過程痛苦、噁心又暴力，我無法相信那真的發生在我身上。過了一陣子，我真的覺得自己靈魂出了竅，坐在床邊的地板上看著自己，但那個人並不是我。

弘偉一辦完事，我馬上衝去廁所沖洗，一待就是好幾個小時。我覺得自己好髒，心裡絕望到極點。我用力摩擦自己的皮膚直到流血為止，那樣讓我覺得好過一點。我發現身體的痛減輕了內心的痛，有段時間我養成用粗布擰自己、刮自己皮膚的習慣。有時，那是我逃避內心痛苦的唯一方法。

弘偉來查看淋浴間的水為什麼流個不停，發現我癱坐在地板上，全身無力，差點把自己淹死。他把我抱回床上時，一句話也沒說，但我看見淚水淌下他的臉。

我覺得自己隨時會瘋掉。性行為本身令人反感，我每天晚上都吐。有好長一段時間，我一天只吃得下幾口飯。後來我變得麻木，弘偉以為我逐漸恢復正常。但我只是一邊活著，一邊從遠處看著自己，像在扮演一部彷彿永無止境的電影裡的角色。我的體內只剩下對那個男人日積月累的恨。我想像自己趁他睡著時殺了他再逃跑，但我能逃去哪裡？還有誰能救我的家人？

「我們很快就會找到妳媽。」有天早上，弘偉告訴我：「但妳還得幫我別的事。我要妳幫我處理生意。」

我才到中國兩個月就開始幫弘偉做生意。他把他買的兩個北韓女人帶來公寓裡住，我負責跟她們對話、幫他簡短翻譯。我替她們梳洗，就像勇善之前幫我梳洗一樣，然後幫她們挑衣服和化妝品，教她們衛生常識。這些女孩跟我和我媽有點不同，她們逃出北韓時就知道自己會被賣到中國。她們說她們不介意，那樣總比死在北韓好。

弘偉帶著我到鄉下幫他賣掉這兩個女人。成交之後，我們回到當初他賣掉我母親的村子，我跟她的中國「丈夫」見了面。現在我會的中文更多了，可以用中文對他說，我想把我媽買回去。我們談定一個價格，那是我第一筆貨真價實的買賣。弘偉付了兩千多美元買回我媽，我對他損失的錢暗自竊喜。

幾天後，我們跟那家人約在鄉下一個隱祕的地點拿錢交人。那時是六月，草還很長，媽媽遠遠看到我，就從一條泥土小徑跑過來抱住我。她不知道我發生了什麼事，也不知道我是來接她的。有一次，她想辦法偷偷打電話給長春的胖掮客志方，但他只跟她說我走了。

見到了彼此，我們欣喜若狂，眼淚流個不停，那是我好幾週以來第一次笑，甚至第一次覺得自己還活著。

媽媽習慣性地把我揹在背上，就像我小時候一樣。

「讓媽看看我不在這段期間，我的小可愛長大了多少。」她說。但我已經不再是小可愛了。後來她跟我說，我穿著新衣服又化了妝，害她差點認不出來。其實我自己也認不出自己。我的樣子不再像小孩子，心中所有童稚的一面也徹底消失。那就好像血管裡的血都已流乾，我成了另一個人。我誰都不同情，包括我幫忙賣掉的那些女孩，包括我自己。我現在唯一的目標就是讓我們一家人重新團聚。

我姐姐還是沒有消息。弘偉告訴我們，他跟其他掮客打聽過她的消息，但毫無所獲。我們雖然失望，但我仍然抱著他能利用人脈找到姐姐的夢想。而且再過不久，我們就會見到爸爸了。

我母親頭也不回地離開了那個可怕的農場。我們三個人一起回到錦州。

我還是很恨弘偉，但已經學會跟他一起生活。剛開始，他有時候對我很嚴厲，但隨著時間過去，他對我的態度漸漸軟化。我想他學會尊重我、信任我，甚至用他的方式愛我。

弘偉的日子一直都不好過。他出生在朝陽以西的一個農場。朝陽是個廟宇、公園、摩天大樓和街頭黑幫群集的古城。他十二、三歲時跑去都市，加入一個掌控連鎖卡拉OK夜總會的幫派。那不是你在漢城或其他城市會找到的那種單純歡唱吧，而是有女人提供倒酒以外的娛樂的特殊場所。弘偉沒受過高等教育，但他會讀會寫又很聰明，十五歲就擁有自己的卡拉OK王國，而他是管理這座王國的幫派老大。他利用人脈參與各種事業，例如餐飲和房地產。我逃出北韓之前大約兩年，他的事業擴展到人口買賣。有一陣子，這門生意大發利市。

弘偉在朝陽有個中國太太和兩個小孩（一男一女）。後來我才知道，他女兒只比我小一歲。弘偉把我媽買回去之後，她告訴他其實我才十三歲，而不是十六歲。我從沒想過要告訴他我的真實年齡，因為我不覺得那會有什麼不同。但他好像很震驚。

「要是我知道她那麼小，絕對不會跟她睡覺。」他說。

我不知道他是不是真心的，但之後他對我比之前更溫柔一些，我幾乎開始把他當人看。但我還是期望他兌現承諾，包括把我爸救出北韓。弘偉在長白市有聯絡人，包括來回邊境幫忙跑腿的女人。她們的工作是幫逃出北韓的人送錢給家鄉的親人。她們也會走私中國手機，以便讓分隔兩地的家庭保持聯絡。這項工作很危險，但只要談妥價錢就能安排。

八月時，弘偉雇用了其中一名掮客去找我爸。

14 生日禮物

八月十五日是北韓的重要節日，因為這天是慶祝日本一九四五年戰敗投降的紀念日。二〇〇七年八月十五日，我們雇用的掮客終於在惠山郊外我們以前住的公寓裡找到我爸。他沒有自己的手機，用其他方式聯絡他又會害他陷入危險。所以我們雇用的女人給了他一支中國手機。我在約定時間打電話給他時，他正蹲在陽台上望著鴨綠江。

「爸爸！我是研美！我跟媽媽都沒事。你都好嗎？」

電話另一頭沉默不語。他不敢相信隔了將近五個月還能聽到我的聲音。

「我沒事，丫頭。」他終於說話：「聽到妳的聲音我好高興啊。妳們在哪裡？」我們能通電話的時間很短，因為警察隨時都在留意非法通話。我只來得及告訴他，我們在中國，我跟媽媽都平安。我們還沒找到恩美，但仍在努力尋找。

「我好想你，爸爸。」我說：「我要帶你來中國。我們會付錢請掮客帶你過來。」

「不用擔心我。」他說。

「你來就是了，爸。」我說：「其他事我會處理。」我跟他說，他來了以後，我們可以一起去找恩美。

「好。」他說：「我去。」

掮客走了之後，他哭了一整夜。

我們逃走之後，爸爸找我們找了很久。他跑回恩美留給我的住址，得知把我們賣掉的女人名叫周英愛（Jo Yong Ae）。他追問對方我們的下落時，對方承認她把我跟媽媽賣去中國，但是聲稱她對恩美的事一無所知。我爸不知道我們越過邊境後發生了什麼事，周英愛只告訴他，我們去了一個有食物吃的地方。他只能希望我們有一天會聯絡他。

我們離開後，他哥哥和我們以前的鄰居安排了一個女人來跟他住，幫他煮飯打掃，他們都以為我媽不會回來了。他告訴我們他吃不下、睡不著，整天哭個不停。

另一方面，很多認識我們的人都以為是我爸把我們送去中國。畢竟他人脈廣，人又機靈，怎麼可能不知道我們去了哪裡。

跟我們住同一間公寓的鄰居女孩們甚至相信，我爸也能幫助她們逃到中國。她們又窮又絕望。我爸說他幫不上忙，但她們一直求他，說她們在北韓已經活不下去。

最後他答應幫她們逃出去，條件是離開前必須先告知她們的媽媽。爸爸給了她們周英愛的住址，兩名女孩沒告訴母親（因為料定她不會答應），就經由周英愛的安排離開了北韓。鄰居的母親得知女兒走了就怪我爸。後來他告訴媽媽，周英愛給了他一百元（約十三塊人民幣）答謝他。他說害女孩的母親那麼痛苦，他很內疚，但他不知道她們是被賣去給人家當老婆，也不知道那是我跟媽媽的遭遇。他還以為是某些有錢的中國人花錢來領養北韓的小孩。

我們又花了六週安排爸爸逃出北韓。我知道他病得很重，但我以為只是太操勞和營養不良引起的。跟爸爸再次通上電話時，我告訴他我要讓他吃飽，讓他在中國恢復健康。

「是啊，一定會的。」他說。他永遠那麼樂觀，從不喊痛，但我聽得出來他很虛弱。時間緊迫，不能再耽擱了。

我愈來愈喜歡我們舒適的公寓，還有錦州的生活環境，附近有公園也有市場，無奈我們很快又得開始奔波。

我們公寓前的大馬路上有家花店，以前我從沒看過花店，所以深深受到吸引。在北韓，想要鮮花就直接到外面摘些回來。但這裡的花店整間都是五顏六色的盛開花朵。有時我會偷偷走進店裡，只為了聞一聞那股又甜又刺激的香味，但從沒買過花。花店女老闆漸漸認識我。過不久，她每次看到我都會露出微笑，對我招手。這讓我很緊張，因為我知道如果有人發現我是北韓非法移民，警察會把我們抓走。我把心裡的恐懼告訴弘偉時，他打包了東西，隔天我們就搬走了。反正我們過不久也得搬家，因為留在一個地方太久風險太大。

我們在另一區找了一間公寓，這次是一間附廚房和衛浴的無隔間公寓。有時會有多達九個女人在公寓裡打地鋪，等著被賣掉。

通常媽媽會留下來打點公寓，我則出門幫弘偉跑腿，就像志方利用勇善幫他跑腿一樣。我負責帶著非法移民在鄉下到處跑，承擔所有風險。我要假裝自己比實際年齡大，因為那些女人不可能聽一個十三歲女生的話。我的工作是幫她們翻譯、買票或叫車，把她們帶回弘偉的公寓，並說服她們如果想留在中國，就要乖乖合作。帶她們去見潛在的買主時，我會跟那些男人說，她們跟我一樣會學中文，將來也會是好太太。我跟那些女人則說，那些男人有錢、人又好，婚後她們還可以寄錢回家。

我盡可能讓買賣過程順利，但有時還是力不從心。那些掮客都是流氓和強暴犯，很多女人吃足了苦頭。有個大約二十五歲的女孩為了逃走，從橋上跳下冰凍的河流，她抵達長春時，下半身已經無法動彈，但她說志方還是強暴了她。後來，弘偉好不容易把她賣給一名農夫。她的遭遇很悲慘，可悲的是，類似的例子還很多，有的甚至更悲慘。

想到我和那麼多女人為了在中國存活要受那麼多委屈，不禁悲從中來。我希望這些事情從沒發生過，這輩子永遠不用再提起這些往事。但我希望所有人都知道人口買賣的駭人真相。如果中國政府取消把北韓難民遣返的無情政策，那些掮客就不再握有剝削、奴役北韓女人的權力。但追根究柢，要不是北韓有如人間地獄，這些女人一開始也不需要逃亡。

弘偉買來的女人多半都賣給中國男人當老婆，但也有女人會要求他把她們賣去當妓女，這樣她們才能賺錢寄回家。剛到中國的時候，我不知道什麼是妓女。後來有一天，弘偉帶我去一個煙霧瀰漫、叫葫蘆島的海港城市，很多南韓男人和觀光客來這裡用較低廉的價格買春。那天弘偉要把一個女人送到某家妓院，他需要我幫忙翻譯。

那家妓院是由一個中國籍的中年女子負責經營。她對我很殷勤，不但讓我看她辦公室的漂亮書桌，還帶我看一整排裝上簾子的小房間，房間裡只夠放一張平台床，裡頭還有淋浴間，但我不知道白天為什麼要淋浴。

我在那裡碰到不少女人，有個平壤來的美麗女孩已經在這家妓院做了七年。那裡的女人跟我說，那是個賺錢的好地方，而且每天都可以吃到泡菜和其他韓國食物，還可以認識各式各樣的南韓人。我聽了好興奮，因為我好想認識說話腔調很好聽的南韓人，就像在影片上看到的一樣。女孩們把那個地方說得好了不得，老闆娘也邀我留下。

當我跟弘偉說我想留在親切的老闆娘身邊時，他說：「妳瘋了嗎？絕對不要想在這種地方工作！」

「為什麼！我希望你把我賣給她！」我說。

他氣得打了我一耳光。

「我說的話妳都聽不懂！」他說。

他處理完事情，馬上帶我離開。

後來幾個月，我又去了葫蘆島很多趟，終於發現當初如果留下來會有什麼下場。客人花大約五美金跟妓院的女人睡覺，女人可以抽一美金，以妓院來說算是很好的價格，所以那些女人才想留在那裡工作。但妳一天最多得跟十二個男人睡覺，有些男人全身髒兮兮，怎麼樣也洗不掉身上的味道。不過，那還不算最糟的地方。

弘偉告訴我，在北京和上海的飯店裡，賣淫女子如果想逃，會被注射毒品，變成毒蟲，之後想跑也跑不掉。

人口買賣毫無疑問是筆醜陋又殘酷的生意。但是人只要坐上同一艘船，無論多麼悲慘，總是能找到方法與彼此連結。我們即使在最艱困的時候也能一起哭、一起笑。我跟媽媽認識了這些經過我們生命的女人，還跟其中一些人成了朋友。

明玉（Myung Ok）四十出頭，也是惠山來的，她曾經逃出北韓兩次。第一次，她跟與我年紀相仿的女兒過了河，一起被賣掉，但是跟中國丈夫住在一起時，警察逮到她們，把她們遣送回國。她女兒還太小，不能送去囚犯營，於是送去「再教育」，表示她得挨餓加挨揍好幾個禮拜。明玉被送到勞改營，在那裡受到酷刑，勞動到差點沒命。

獲釋之後，明玉決定再次逃亡，但她女兒不敢再嘗試，沒跟她一起走。她再次成功過河，最後經由志方賣給了弘偉。我媽跟她都是惠山人，明玉又很有幽默感，兩人很合得來。

不幸的是，弘偉把她賣給一個肢體殘障的農人，對方對她並不好。他怕明玉逃跑，到哪都跟著她，連上廁所也不例外。後來她終於受不了，想辦法逃到東北大城瀋陽，有很多脫北者都躲在那裡。但弘偉在瀋陽的黑社會有人脈，他的手下找到了她，把她打個半死，之後又把她送回農夫手中。假如讓她跑了，弘偉就得把錢退給買主，他經手的女人都有一年保證期，跟汽車一樣。

還沒聽過明玉和其他女人的遭遇前，我跟我媽從不知道被警察逮到並遣送回國的危險。我們還聽過更慘的故事，比方懷了身孕的北韓女人被迫拿掉有一半中國血統的胎兒，或是北韓人發現她們試圖逃到南韓就將她們處死等等。在這之後，我跟媽媽都發誓，就算死也不要被遣送回國。

爸爸在二〇〇七年九月第一次動身逃到中國。我跟他說，過了河就會有人接他，但是到了對岸，他一個人也沒看到。弘偉付錢請那個胖掮客安排一切，但他搞砸了。可憐的爸爸只好想辦法避開衛兵，溜回北韓。

十月一日時他又試了一次，那時河水已經變得又急又冷。這次弘偉親自到長白確認一切順利。他付給志方相當於一千三百美金的費用救出我爸，以男人的價碼來說算相當高。弘偉看到我爸瘦削憔悴的模樣很震驚。他原本希望讓他去工作，這樣就可以替他償清債務。但現在他知道我爸病到連坐公車都有困難，只好雇計程車把我爸和他買的兩個女人一路載回錦州。

他們一行人在二〇〇七年十月四日抵達，那天剛好是我十四歲生日，一轉眼我到中國已經六個月了。我跟媽媽看見爸爸走進門，就跑過去撲進他的懷中。我不敢相信爸爸、媽媽都回到了我身邊。這也是多年來我爸第一次在身邊幫我慶祝生日；以前他常出外做生意，後來又去坐牢。於是，弘偉決定幫我辦一個特別的慶生會。我和爸媽又哭又抱、說個不停的時候，弘偉出門幫我們買了好多吃的。我跟他說過我爸喜歡吃肉，他就買了鵝肉、雞肉、牛肉和豬肉。那時，有幾個北韓女人跟我們一起住在公寓裡，加上弘偉把我爸帶回來時也順便帶了幾個女人，公寓裡人很多，非常熱鬧。這頓大餐對爸爸來說就像美夢成真，但也令他心碎，因為他已經病到吃不下任何東西。

那天晚上，爸爸拿出他帶在身上的一袋鴉片給我們看，他說他打算假使過河被抓就吞藥自殺。他還說到了中國如果被捕，他也會這麼做，以免被遣返或不小心向警方透露了我們的行蹤。但他很高興能活著跟我們團聚，現在只少恩美一個人。我們還是沒有她的消息，但爸爸滿懷希望，打算等他治好腸胃的毛病就去找恩美，之後他說不定可以想辦法創業，這樣就能再度照顧我們全家人。民植舅舅曾經告訴我媽，她未來的丈夫是一株在堅硬的石頭裡也能生長的植物。他說的沒錯。

爸爸很快就明白我跟弘偉的關係。看到年紀還小的女兒被這樣的男人剝削，他傷透了心。但現實比這更複雜難解，他跟我和媽媽一樣，對弘偉又愛又恨。一方面，他很感激弘偉信守承諾救了媽媽，也慶幸他沒把我賣給農人，從此消失在茫茫人海中，他清楚我的境遇原本可能比現在糟很多。他很感謝弘偉把他帶來中國，讓他住在這片屋簷下，但同時也對他恨之入骨。我爸差點認不出我，因為現在我化了妝，指甲修得漂漂亮亮。我不再是過去的我，現在的我不但要照顧父母，還要照顧其他人。但我爸對這一切無可奈何，也無法替我承擔責任。現在他什麼事都要依靠我，而且又生了重病。

我爸不是會說出心事或表現懦弱的那種男人。他總是笑著對我說，一切都會好轉的。我很感激他把我當成大人對待，但我知道，看到我的童年就此被剝奪，他其實心痛不已。只有一次，他含蓄地說出內心的感覺。那天他抱著我，聞著我身上的氣息。「研美，妳身上的嬰兒香味不見了。」他輕聲說：「我想念妳聞起來像小孩的時候。」

我跟媽媽想聽他說這段日子惠山發生的所有事。爸爸說，二伯的兒子都想當醫生，還有他在平壤和惠山的姐妹的現況。他在惠山的妹妹是苦命的寡婦，有個跟我差不多大的女兒，母女倆都得了肺結核。爸爸說，如果他有什麼不測，要我代為照顧她們和其他親戚。春健如大家預期的去當兵了。我失蹤後，他對我還是一片痴心。爸爸說他來過公寓找我。「研美去哪了？」他既傷心又焦慮地詢問，但爸爸什麼也沒辦法告訴他。

我父親需要盡快到一家現代化的中國醫院做檢查。問題是，他是非法移民，我們甚至無法謊稱他是來中國探親的北韓人，因為他的身分證明在他坐牢時就被銷毀了。要讓正規的醫院收治他，既花錢又危險，因為醫護人員可能會把他交給警方，最後我們只能帶他去不會問太多問題的小診所檢查。爸爸還是痛得很厲害，儘管肚子會餓，卻一直反胃，吃不下東西。診所醫生幫他檢查過後，說他的狀況太過嚴重，他們無法處理。「你們要馬上送他到大醫院。」醫生說，但我們沒辦法去醫院，於是醫生開了一些止痛藥給他。回到家之後，爸爸臉上毫無血色，彷彿體內的血液已經流乾，於是我們決定就算冒著生命危險，也要帶他去醫院。

弘偉對眼前的狀況很不滿，但他願意幫我們掛號。十一月初，爸爸來中國才短短一個月，就被推進錦州某家醫院的手術室。醫生剖開他的肚子，但馬上又縫了回去。

醫生走出來時，我們從他的表情就看得出情況不樂觀。

「我們恐怕無能為力。」他說：「患者得了末期的結腸癌，癌細胞已經擴散到全身器官。」他說我爸體內的腫瘤太多了，開刀也無濟於事。爸爸最多還有三到六個月的時間，我們能做的只有盡量讓他免於痛苦。

15 骨灰

我媽聽不懂醫生說的中文，我必須再跟她解釋一遍。我真正確定的只有一件事：爸爸活不久了。我對癌症一無所知，因為這種病在北韓很少見。這不代表北韓沒有癌症，或許只是沒有診斷出來。大多數人在癌症還沒致死前就因為別的原因過世。

我們不忍心把醫生的診斷告訴爸爸。那對他來說，太可憐了，他手術清醒後，還以為一切都會沒事。

我們得盡快把他弄出醫院，只好把他帶回公寓養病。麻醉藥一退，他又痛了起來，什麼也吃不下。病情一天天惡化，我們又買不起他需要的那種止痛藥、讓他舒服一點的點滴，或是可能延長他壽命的營養品。手術已經花了很多錢，我也不敢再跟弘偉要錢。

「丫頭，我的病怎麼都沒起色？」他一直問我：「如果連中國的醫生都治不好，也許我該回北韓去。」他對家人感到內疚，因為自從他逃亡之後，他的兄弟姐妹都受到警方的調查。二伯的兒子們被迫退伍，醫生生涯岌岌可危；惠山的姑姑遭到嚴刑拷問。爸爸很後悔自己的決定，想回去幫他們，告訴警察他沒有逃亡，只是去中國看病。

在這個節骨眼上，我跟媽媽不得不跟他說他得了癌症，醫生已經對他的病情不抱希望。

「那麼我要回家，死在我出生的地方。」他說。

我們求他別叫我們帶他回家。他已經虛弱到無法遠行，就算回到惠山，也會死在監獄裡。「爸爸，在那裡誰要照顧你？」我傷心地說：「誰會替你辦後事？」

從此，他沒再提回北韓的事。

接下來幾個月很難熬。中國政府開始打擊人口買賣，弘偉的生意大受影響，少賺很多錢。那時是二〇〇八年，中國全國上下都在緊鑼密鼓地準備北京夏季奧運。後來我才知道，西方政府和人權團體一直對中國施壓，要求他們對待國內移工、少數民族和政治異議分子更加寬容。根據新聞報導（但我們從沒聽說過），北京當局的回應是：將可能丟中國政府的臉、傷害中國的傲人國際成就的人，全數圍捕。當時我們只知道，要買動警察的金額愈來愈高。他們以前所未見的速度到處緝捕北韓難民，將他們遣送回國。愈來愈多可能的買主不敢跟弘偉交易，怕警察來搜查農場，強行將女人帶走。

弘偉愈來愈暴躁易怒。大多數時間，他都在鄉下推銷他買進的女人，他希望我在身邊幫他。我一方面想陪著臨終的爸爸，一方面又得幫弘偉做生意，內心陷入交戰。

我跟媽媽手邊都沒有爸爸的照片，覺得有必要幫他拍張照片好永久珍藏。他病重無法出門，我們便安排攝影師到公寓來拍照。爸爸穿了一件我們在中國幫他買的漂亮毛衣，我跟媽媽穿上我們最好的衣服，化了妝。我還戴上弘偉買給我的金飾。我跟媽媽一起把爸爸從床上撐起來，靠在我們之間，他勉強擠出微笑。我看起來比實際年齡大十歲。我爸瘦到不成人形，看著照片我幾乎認不出是他。我們擺的姿勢僵硬而刻板，死亡占據了我們之間的空隙。

爸爸的病情日漸惡化，後來他連呼吸都有困難，上廁所也要人幫忙。這對自尊心那麼強的人來說是一大折磨，但他從不抱怨。他一天比一天衰弱，唯一想做的事就是跟我在一起。只是我年紀太小，不懂死亡代表的意義。即使他走了，我還是覺得有天會再見到他，因為他總能想辦法回來看我。

我可以陪著他的時候，他喜歡跟我說他小時候的事。他說他有次在惠山跟朋友在一起玩，差點把自己電死。那次他雙手碰到通電的電線，整個人被彈到空中。醒來時人已經在醫院，醫院讓他躺在水桶裡，吸走他身上的電流。他講起童年多半無限懷念，他說他小時候國家的配給系統良好，他和朋友每個月都有糖果吃。

他狀況好的時候，我們會下象棋消磨時間。在北韓時，沒人贏得過他，我從小到大也才贏過他幾次而已，現在竟然可以打敗他。即使他生病了，我也不會對他手下留情！有一天他露出微笑，把我拉進懷中親親我的頭，呼吸仍然很吃力。

「研美，是妳。」他說：「我又聞到那種嬰兒香了。」

弘偉必須照顧我們一家三口，加上局勢前所未有地緊繃，他愈來愈常發脾氣。某天晚上，逃去瀋陽又被弘偉抓回來的明玉喝醉了酒，吵鬧不休。弘偉衝過去要打她，我跳到他們之間，替她挨了打，整間公寓鬧得雞飛狗跳。後來，我們把明玉送回她的中國丈夫那裡，結果她又逃了，真的是雪上加霜。弘偉不得不回村裡補償買主，處理後續事宜。

一月初，媽媽打電話來時，我正好跟弘偉在鄉下。

「研美，妳得快點回來。」她說：「妳爸快不行了。」

我聽得出她很驚慌。我趕緊搭計程車回錦州，到達時爸爸躺在床上已經語無倫次。

「是妳嗎，研美？」他握著我的手問，但眼睛看不到我。「是我的女兒嗎？我的女兒在哪裡？」

我不知道他呼喊的是我，還是已經失蹤九個月的恩美。媽媽說他找出他的安眠藥，一次全吞下肚。他想結束自己的生命，這樣就不會再對我造成負擔。

「爸，」我哭著說：「不要擔心，不會有事的，我會陪著你。」

但其實我不能久留，弘偉一直打電話催我，要我回去幫他賣掉那些女人。但爸爸的靈魂很頑強，不肯離開他的軀體。最後我只好跟媽媽說我得走了，但是只要抽得了身，我就會馬上趕回來。

爸爸撐了好幾個星期。我不斷搭公車或計程車回來看他的狀況，一趟通常要好幾個小時。弘偉愈來愈生氣，也變得更暴力。有一次，他拿厚重的杯子朝我丟過來，打中了我的耳朵後面。又有一次，他當著我爸的面打我耳光。我不知道那段可怕的日子我是怎麼熬過來的。

最後，我爸再也無法說話，弘偉帶我回去跟他道別。我一直抱著他，問他：「你需要什麼？我能做什麼？」但他無法回答，只能睜開眼睛告訴我，他聽到我了。我握著他的手，看見他的指甲好長。「我可以做一件事。」我對他說。我小心翼翼地幫他剪指甲，邊剪邊幫他按摩手掌。我還沒幫他剪另一隻手，他就睡著了。

「我們可以明天再把它剪完。」說完，我就縮起身體，躺在他旁邊的地上。

隔天早上七點半我醒來時，看見他已經停止呼吸。他的身體還是熱的，我便躺在他旁邊抱著他。他的眼睛是張開的，無論我把手放在他的眼皮上多久，都闔不上他的眼睛。在韓國我們會說，如果一個人死不瞑目，就表示他在人世間還有未完成的願望。我想我爸還沒有放棄尋找恩美，才無法安息。除非找到姐姐，不然我想我也會跟爸爸一樣死不瞑目。

我傷心欲絕，不肯離開爸爸身邊，無法相信我再也看不到他。我試著跟他說話，心想他或許會醒過來。要我怎麼接受我心目中最強壯的人就這樣死了，而我什麼都無能為力。我幫他剪完指甲，還梳了頭髮，然後用毛巾幫他擦臉，拿毯子蓋住他幫他保暖。我一直守在他身邊，直到太陽下山、我們不得不移走他的遺體為止。

爸爸還能說話時，我們跟他討論過他的後事。他不喜歡火葬，因為他討厭燒成灰的感覺，但他希望有一天能葬在北韓，火葬是唯一可行的方法。整理好心情之後，我跟媽媽用工地拿來保護地板的厚紙板把他包起來。到了午夜，弘偉的兩名手下幫我們把他搬進後車廂。

弘偉認為又到了該搬家的時候，所以我們收拾了少數家當，北上前往朝陽。他知道有個地方可以偷偷把我爸火化。即使面對死亡，我們也得躲躲藏藏。抵達之後，我們倒車停在火葬場前，搬出爸爸的遺體。我跟媽媽看著他們把爸爸的遺體推進火裡，然後關上門。自從爸爸死後，這是我第一次放聲啜泣，不久媽媽也跟著我一起哭，但周圍的人要我們安靜，免得被人聽見。

過了一個多小時，遺體才燒完，除了灰塵和碎骨，什麼也不剩。我們得盡快離開，不然可能會被發現，於是我開始把我爸的骨灰鏟進我帶來的盒子裡。骨灰還很燙，機器操作員拿了手套給我，但是我把手套推開，徒手去撿骨屑和碎粒，想感覺他的重量；最後他剩下的，也只有那麼一點點。

我們開了兩個小時的車離開市區，抵達一個叫羊山的小鎮，那裡有間房子可以讓我們過夜。我們決定把我爸的骨灰埋在附近一個隱祕的地方，就在一處可以俯瞰河流的山頂上；爸爸一直很喜歡陽光和河流。媽媽留在弘偉朋友的家，弘偉和他的手下則帶著我翻山越嶺。我抱著爸爸的骨灰，在寒冷刺骨的夜裡跟著他們往前走。他們在冰凍的地面上挖洞，我把爸爸的照片放進箱子，然後把箱子面對著潺潺流水埋進土裡，這樣爸爸就可以一邊望著河，一邊等我回來。

爸爸走了，我第一次覺得自己在世上這麼孤單。

16 綁架

弘偉逐漸捉襟見肘。中國政府在二〇〇八年的夏季奧運之前，奮力打擊人口買賣，重創了弘偉的生意，他只好另覓賺錢的管道。我們又換了住的地方，這次搬到瀋陽的一間公寓。弘偉開始尋找投資房地產的機會，希望能大賺一筆。

瀋陽是日漸擴張的工業和商業中心，又是中國東北最大的城市，但也有該地區的犯罪首都之稱。暴力幫派和腐敗官員把持了這座大城，北京當局雖然定期掃蕩黑幫，但新的幫派很快又崛起。弘偉在瀋陽認識的開發商都是黑道，不從事祕密勾當的時候，都在私人賭場消磨夜晚。弘偉會拖著我上這些煙霧瀰漫、骯髒低俗的俱樂部，看他擲骰子或賭輪盤。他覺得我會帶給他好運，但他賭輸比賭贏的次數多很多。冬去春來時，弘偉幾乎放下所有的事業，迷上了「六合彩」這種數字賭博遊戲。沒多久，他每天都要輸掉一千到四千五百美金，而且不吃不睡，除了賭博，什麼都不管。他會一連消失好幾天，然後帶著喝醉的朋友回來，那些人嗑了藥，瘋瘋癲癲，甚至把妓女叫進我們的公寓。我要是抱怨，弘偉就會對我暴力相向。

我跟媽媽再次陷入了絕境。弘偉一個星期給我們的伙食費不到十元（約一．三美金），我們都瘦成皮包骨，嚴重營養不良。後來我媽喉嚨發炎，我卻無法帶她去看醫生。對我來說，引爆點是有一次我們在街上散步，媽媽喉嚨痛，我竟然買不起水讓她潤喉，因為在瀋陽一瓶水將近要四角。這件事讓我覺悟，我們不能再這樣下去，唯一的脫困方式是什麼，我們母女都很清楚。

「研美，妳不把我賣掉不行。」我媽說：「算媽求妳，把我賣掉吧，我在這裡只會變成妳的負擔。」

我覺得自己簡直失敗透頂。當初我要弘偉救出我的家人，結果現在我們變成了什麼樣子。爸爸死了，姐姐還是下落不明，媽媽連吃都吃不飽。我甚至不敢想自己會如何，而且也不在乎。弘偉希望我替他生小孩，但我不可能讓這種事發生，我絕對不要生下強暴我的人的小孩。只是我對避孕一無所知，在北韓沒有避孕這種事。所以一出現害喜的症狀，我便立刻採取行動。中國有一種藥只要吞下去就能中止妊娠，事後我覺得身體好像死了一次，或許確實是如此。但我從沒想過情況會變得更糟。現在落到這步田地：我準備好要賣掉自己的媽媽。

我到處幫媽媽尋找好買主，但大家都怕警察找麻煩。我在之前賣掉的女人之間放出消息，其中一人打電話跟我說有可能的買主。對方是農人家庭，有個兒子還沒結婚，開車往西過了朝陽才會抵達他們的村子，車程要幾個小時。弘偉答應了這筆交易（我媽對他沒有用處），我們一起去見買主。對方看起來是好人，家務不會太繁重，媽媽也能吃飽，對方還答應讓她跟我保持聯絡。於是，我們用大約兩千八百五十美金的價錢賣掉了我媽。

一回到瀋陽，弘偉就把這筆錢賭光光。

如今，我又跟媽媽分開，過著生不如死的生活。弘偉因為破產而意志消沉，把氣都出在我身上。我儘管灰心，卻感覺得到體內有一股力量仍不肯放棄。或許那只是怒火，也或許是一種無法解釋的直覺。我覺得我的生命總有一天會有意義。我的字典裡沒有「尊嚴」這個詞或是道德是非的觀念。我只知道什麼事感覺不對勁、什麼事我無法接受。目前的情況我已經無法忍受，我一定要找到出口。

瀋陽的北韓難民人數很多。其中大都躲躲藏藏，但有些人想辦法弄到了中國身分證，能以韓裔中國人的身分在中國社會立足。身分證是找工作和擺脫恐懼的關鍵，於是我開始到處問弘偉的朋友，知不知道哪裡有可能弄到身分證。即使是弘偉，也明白我必須學會照顧自己，所以他同意給我一些獨立自主的空間。

他有個姓李的幫派朋友幫我弄到一張假身分證，但品質實在太差，誰也騙不過。後來有一天，我跟李和一對幫派情侶在一家韓國餐廳吃飯，我跟他們說了我的煩惱。那位女伴說她認識一個人，對方說不定能幫我弄到一張真正的身分證，至少能到幾可亂真的程度。

吃完午餐，那位大哥的女人陪我走到一處高級場所，裡頭都是些打扮光鮮的人，應該是某種私人俱樂部或餐廳，只見服務生幫坐在舒適皮椅上、身穿高級西裝的男人上菜。看到十幾個美麗高䠷、打扮優雅的年輕女孩陪坐在男人身旁，我大吃一驚。

大哥的女人似乎跟那裡的許多人都認識，她邊打招呼，邊帶我走向一張桌子。那桌只坐了一名穿著保守的男人，約四十出頭，整個房間裡唯獨他身旁沒有女伴，但其他人似乎都認識他，跟他說話時必恭必敬。

「這女孩是從北韓來的，她想工作，但需要先弄到一張身分證。」她說。

「坐。」他指著旁邊的椅子說。我坐下來。他說他姓黃，要我這麼叫他，但我不知道他是不是真的姓黃。

「來過這裡嗎？」黃問我，我說我第一次來。他查看我的手和手臂，看是否有顯示我是妓女的記號或刺青。全都沒有。

「妳喝酒或抽菸嗎？」

「沒有。」我回答。

「很好。」他說：「永遠別碰菸酒。」他把服務生、經理，甚至那些性感高䠷的女孩叫過來，問我是不是在這裡工作，他們全說不是。

「這地方對妳不好。」他說：「妳不會想落到跟這些女孩一樣的下場。」

「我只想拿到身分證，這樣我就能到餐廳工作。」我跟他說。

「我有些警界的朋友，說不定能幫妳。」他無所謂地說。這件事對我生死攸關，但他的口氣好像沒什麼大不了。

我說如果他願意幫忙，我會感激不盡。

他問我願不願意到安靜的公園坐一下，好好談一談。他給人的感覺親切又有禮，我不覺得有什麼問題，就答應了。我只能說我早該學乖了才對，但我對人的信任仍在。從出生以來，我就被教導要相信謊言，那已經成為一個危險的習慣。

在停車場等候他的車子，看起來像一部坦克車，車頂有一排燈，座位後面有一張特別訂製的床。

「妳覺得怎麼樣？」他問我：「這種車在中國只有幾輛。」

我們開車到城北的一座大公園，然後坐在車上談。

「說說妳的事。」他說：「妳今年多大了？」

我才十四歲，但我騙他我十八歲，因為要滿十八歲才能在中國拿到身分證。

「妳有其他家人嗎？」他問。

「我還有媽媽。」我說：「現在我還在找我姐姐，才需要身分證出去找工作。」

「有男朋友嗎？」

「有個照顧我的男人，但我們漸漸疏遠了。」

「那麼妳需要一間公寓。」他說：「我在城裡有很多間公寓。其實呢，這座公園的對面就有一間，妳可以先待在那裡，等身分證下來。妳想去看看嗎？」

黃帶我到在瀋陽市一棟數一數二豪華的大樓。那間位在二十七樓的公寓看起來像間博物館。他說他是個白手起家的藝術古董商，現在是瀋陽名列前茅的富商鉅富。後來我才知道他小學沒畢業，連自己的名字都不會寫，但是他在我的眼中文質彬彬，一點也不像黑道。

他的公寓裡擺設了很多畫、古董象牙佛像、陶瓷花瓶。他指著一把精雕細琢的木椅，說它大概值六十五萬美金。

大廳有警衛，屋內也有保全系統，只要你走出陽台或開錯門，警鈴就會大作。那地方像堡壘一般。

「只要妳待在這裡，我就幫妳弄到身分證，其他事我都會幫妳搞定。」

一開始我很感激他。我打電話給媽媽，跟她說我很好，有個人會幫我弄到身分證。弘偉一直發簡訊給我，但我要他不用擔心。有那麼一小段時間，一切似乎會順利完成。

隔天，黃開車來接我去他的古董店，之後又帶我去一個朋友的豪華大公寓，看他在室內練習場打高爾夫球。他帶我去他母親的墳前上香，再去看一個老算命師，對方跟他說我會幫他帶來好運，還說在我的手相裡看到我命中帶子。

「妳很特別。」黃告訴我：「我要妳跟我一起生下這個兒子。」

我啞口無言，當下就知道我得設法擺脫這個男人，但他到哪裡都不讓我離開他的視線，我不知道要怎麼擺脫他。

我們開車到市區另一頭的另一棟豪華大樓。他帶我到一層住了七個漂亮女孩的公寓。

「妳看，跟在我身邊，妳會有很多朋友。」他說：「妳不會寂寞的。」

這些女生多半只有十七、八歲，但到目前為止我還是年紀最小的一個。其中一個女生即將上大學，正在看書。黃躺在一張舒服的椅子上，幾個女生靠過來幫他按摩手腳，我趁機跟著其中一個女生走進廚房。

「我不想留在這裡。」我小聲對她說：「妳可以幫我逃出去嗎？」

「妳瘋了嗎？」她說：「怎麼會有這種想法？這個男人有錢又慷慨。」

那天晚上，黃把我帶回那間擺滿藝品的公寓。我趁他在另一個房間時，再次拿出手機打給我媽。

「媽，我想這個地方不適合我。」我用韓文對她說：「這個人怪怪的，有好多女人幫他按摩。他說他希望我幫他生小孩，因為他什麼都一帆風順，就是缺個兒子……」

下一秒我反應過來時，黃已經站在我旁邊。他應該聽不懂我說的話，但一定聽出我的語調有異，所以才從我手中搶走手機。

「妳什麼都不必擔心。」他用中文對我母親說：「我會幫妳女兒弄張身分證，還會按月寄錢給妳，一切都會很順利。」我媽還是不會說中文，除了知道我被綁架，其他的她都聽不懂。

黃掛上電話，把我的手機收進他的口袋。

然後他抓住我，我掙開他的手。

「這不是我想要的。」我說：「我想要工作。」

他的聲音突然變得冷酷無比。

「妳知道脫北者被遣送回國會有什麼下場嗎？」他說：「他們會用鐵絲從這些人肩膀上的肌肉穿過去，串在一起，這樣他們就跑不掉了。我可以今天晚上就把妳送回北韓，我也可以殺了妳，沒人會知道妳發生了什麼事。」

他又伸手抓我，我咬了他一口，他狠狠甩了我一耳光，鮮血從我嘴巴滲出。

看到我的樣子，他往後一退。

「妳知道，我犯不著這麼做。」他說：「我要哪個女人都可以，她們都喜歡我，連女大學生也是。我也會讓妳喜歡上我。」

說完他就鎖上門，把我一個人丟在公寓裡。

我滿腦子想的都是怎麼逃出這個地方。我千辛萬苦逃出北韓，可不是為了來當這個男人的奴隸，我也不是他精心收藏的戰利品。弘偉再怎麼壞，至少有點人性。但這個男人像爬蟲動物一樣冷血，我從沒碰過這麼可怕的人。

我一整晚試著打開公寓的門，卻啟動了警報系統，驚動了警衛。我被綁架了，但沒人知道我在哪裡。

隔天，黃回到公寓，並且改變了策略。他買了漂亮的衣服和首飾給我，要我試穿。「要什麼告訴我，我都買給妳。」他說。

「我要你放我走。」我說。

「不行。等我玩膩妳之後，妳還會求我留下來。」

我不知道自己被綁架了多久，可能有一星期，或許更久。

隨時有人在監視我。黃不在時，便由他的情婦盯著我。我覺得自己又像以前一樣走投無路。在這裡就像在北韓，我內心深處的恐懼沉重到足以填滿整片夜空，把我的靈魂重壓在地上，無法動彈。我找不到出路。

黃沒再企圖侵犯我，但他有時對我很粗暴。我不吃東西，他就硬把食物塞進我嘴裡。他有時會威脅我，但下一秒又恢復和善。我想我永遠無法活著逃出他的手掌心。

後來有一天，我跟黃的情婦坐在他的旗艦古董店裡，弘偉的李姓朋友走進門。黃從辦公室裡走出來看看是誰來了。

「黃大哥你好。」他說：「幸會。」

「你怎麼知道我是誰？」黃問。

「誰會沒聽過你的鼎鼎大名。」李說，然後指著我的方向。「這女孩的母親很想念她，弘偉要我來代為轉達。另外，他也希望她回去。」

「跟弘偉說她不需要他了。」黃說：「是吧，姑娘？」

他看著我，我點點頭。我很怕只要我稍有遲疑，他就會殺了我們所有人，包括弘偉和我媽。

「跟他說我對妳有多好。」他說。

「他對我很好。」我跟弘偉的朋友說。

黃請他回去。

隔了一會兒，我的手機在黃的口袋裡響起，他一直留著我的手機，監視我的通訊。一看到是弘偉打來的，他馬上接起。

為了找我，弘偉把瀋陽市給翻遍了。後來他聯絡上我媽，知道情況之後急得快發瘋。靠著我媽的幫助，他終於查出我的下落。他跟黃的通話內容，是他後來告訴我的。

「把她交出來，不然不是你死，就是我活。」弘偉說：「要白要黑你來選。如果你想跟警察玩，我就帶警察去；想跟黑道玩，我就找兄弟過去。」

「你真的要為一個女孩搞那麼大嗎？」黃問。

「不對，應該說，你願意為她賠上性命和所有財產嗎？」弘偉說。

那通電話之後，黃帶我回到那間有警衛站崗和警鈴系統的公寓。我知道弘偉有多大能耐，但也相信綁架我的男人不會輕易讓步，我決定更換另一種策略。「我知道我錯了。」我對黃說：「我不想回弘偉身邊，你比他強多了。你何必跟他廝殺呢？他一無所有，你卻要冒失去一切的風險。我會告訴他我不想跟他在一起了。」

我說服黃，我只想再見我母親一面。「我很想念我媽，才會一直悶悶不樂。」我說。我知道黃是冷酷無情的壞蛋，但也是個虔誠的佛教徒，他一定也愛自己的媽媽。「求求你讓我再見媽媽一面，她就住在瀋陽。見過她之後，我會回到你身邊，然後我們就別管弘偉了。」

他相信了我的話。隔天他要司機載我去瀋陽，但我說不用，他只要把我送上公車就好，這樣比較省事。他完全以為自己贏得了我的心，就答應了，甚至把手機還給我。

公車一開出總站，我馬上撥電話給弘偉。

弘偉在瀋陽的公車站跟我會合。一看到我，他就哭了。

「我的研美啊，妳在想什麼？」他哭著說：「妳根本不懂這個世界的遊戲規則。」

他開車載我去我媽住的農場。沒人知道我媽在哪裡，所以弘偉認為我躲在那裡，黃絕對找不到我。

我突然領悟到一件事：我被綁架之後，弘偉才開始想念我。我很驚訝他為了救我，竟然願意冒那麼大的險，跟一個有錢有勢的人硬槓。我想弘偉自己也沒料到。後來他告訴我，以前他從沒因為愛一個人而冒過險。

那戶好心的農家歡迎我留下來跟媽媽一起住。本來，我們或許會待上一陣子，但是當時是二〇〇八年七月，北京奧運即將在八月開幕。警察在鄰近村落挨家挨戶查緝非法移民，我們已經聽說好多個北韓女人被驅逐出境。接待我們的中國家庭擔心鎮上的人會告發我們，到時候警察也會搜查他們的農場。所以我們打電話給弘偉，他安排我們到我爸長眠的小鎮避避風頭。但那裡的人很快認出我們是北韓難民，弘偉又把我們移到他的家鄉朝陽。我們三個人一起住了一陣子，但身上都沒錢。這期間，我媽聯絡上我們的朋友明玉（那個一再逃離中國老公的女人），她說她又回到了瀋陽，甚至找到了工作。

「什麼工作？」我媽問。

「不是什麼奇怪的工作。」她說：「妳們如果來瀋陽，我介紹妳們認識我老闆。」

我跟媽媽又陷入絕境，而且經常搬家，不光是為了躲警察，也因為弘偉說我爸的鬼魂纏著他不放。

一開始，我爸會出現在他的噩夢中。後來弘偉走進空蕩蕩的公寓時，甚至會看見我爸在用電鍋煮東西，或坐在床上盯著牆壁看。弘偉哭著跟我說，他知道我爸永遠不會原諒他對我做的事。現在他知道他不得不放我走了。他跟我說，他很後悔奪走了我的童貞，也為這段時間對我的傷害感到抱歉，雖然他知道一切都太遲了。但他承諾會永遠守護我，下半輩子他都會去幫我爸掃墓、上香。

我對他的感覺五味雜陳。我已經痛恨他好長一段時間，總覺得自己永遠不可能原諒他，但我的心逐漸軟化。他不是十惡不赦的壞人，而且對我來說，他就像個奇蹟。他救回了我母親，把我爸帶來中國，還幫我把爸爸埋在這裡。我知道他也很努力在尋找我姐姐。

我們住在一起的時候，弘偉買了很多金飾給我，我一直藏著。現在我把首飾全部還給他，他比我更需要這些東西。某方面來說，我彷彿是用這些首飾贖回了我的自由。

我謝謝他為我做的一切，然後跟他道別。

我跟媽媽搭下一班公車，前往瀋陽。

17 天上掉下來的麵包

我跟媽媽抵達明玉在瀋陽的公寓之後，她終於告訴我們，她可以幫我們找到什麼樣的工作。她說，我們只要在電腦上跟男人聊天就可以了。

明玉替一個中國「老闆」工作。老闆租了很多間裝設了電腦和網路的公寓，他只是小主管，上面還有更大的老闆，層層連成瀋陽成人聊天室的地下網絡。這個網絡的最底層就是走投無路的北韓女人，她們住在狹小的房間裡，方便她們沒日沒夜地上網「聊天」。顧客（幾乎都是南韓男人）會搜尋不同網站，找他們中意的女人，然後按分鐘付費在鍵盤上輸入問題，透過螢幕看女人寬衣解帶，不過有些女人只會用話語挑逗他們，不會脫光。所有的舉動都是為了讓客人掛在線上愈久愈好，這樣信用卡就會按他們的上線時間扣費。大部分的錢都進了老闆的口袋。

以前我從沒聽過網路攝影機，對我跟媽媽來說，這是一種很奇特的賺錢方法。一開始，我試著找餐廳的工作，但沒有身分證根本找不到工作。警察到處突襲檢查，尋找非法移民，我們能找的工作非常有限。我雖然才十四歲，已經看過人為了存活所做的各種邪惡勾當，其中很多比成人聊天室還糟很多倍。我的遭遇慘是慘，但至少弘偉從沒用毒品控制我，或把我送給其他男人。如今我們已經脫離他的羽翼，跟其他可能的悲慘遭遇比起來，聊天室似乎是比較簡單的選擇。

這不是什麼了不起的工作，至少不用出賣肉體。你不屬於任何人，而且還可以賺到不少錢。我打算先賺到足夠的錢買身分證，一拿到身分證，我就可以去找更好的工作，照顧我媽。

我們開始工作不久，人很聰明又很有辦法的明玉就離開了中國老闆，自己開起聊天室。她用更高的薪水挖我們過去，我們便跳槽了。

以今天的標準來看，當時的科技程度很原始，但仍然把我們考倒了。我跟我媽以前從沒看過電腦，所以得先學會打字，看著字從螢幕上跳出來。

我媽學得很辛苦。每當有顧客開啟對話，她都得花很多時間摸索鍵盤，才能打出「你好」兩個字，等她抬起頭時，螢幕已經一片空白，客人也走了。

「媽，讓我來。」我跟她說，雖然我打字也很慢，但客人似乎不介意等我。我拒絕脫衣服，他們也能接受。我只讓他們看我的臉，如果對方很粗魯或不死心，我會直接把對話切掉。這招對我來說很好用，也讓客人對我更好奇。通常我只會打出他們想聽的話，但同時我也跟一些人愈來愈熟，甚至有過真正的對話。我的聊天室變得很受歡迎，有時同時會有男人從六、七個網站連過來跟我聊天，我還得小心避免答非所問，弄錯對象。

工作愈久，我賺的錢愈多。如果我一直上線，一個月扣掉給老闆的七成分紅，我能賺四千元左右（相當五百多美金）。

後來我跟媽媽終於能吃飽，不用再天天害怕被強暴，但我們的生活還是很不自由。聊天室不過是另一種牢房。一離開公寓，我們得頻頻往後張望，就怕被人認出來。我不知道自己比較害怕哪一個，是落入中國警察的手裡，還是碰見黃或他的手下？我知道他還在找我，而且他不是那種被人出賣會善罷干休的人。

我們住的公寓附近有一家中學。從窗戶看出去，可以看到跟我同年齡的女生背著書包跟同學玩耍談笑。我問媽媽：「媽，我什麼時候才能跟她們一樣？」她不知如何回答。

我以為生活會一直這樣下去，直到我媽認識一個叫惠純（Hae Soon）的北韓女人。惠純跟一個南韓男人住在瀋陽。認識她之前，我跟我媽沒考慮過要逃到南韓。但惠純很熟悉這條管道，還說南韓人會接納我們成為南韓公民，幫我們找到工作和住處。她也知道逃出中國有多危險。如果被逮到並送回北韓，你的人生就完了。北韓人到中國找工作是犯法的，逃到南韓則形同叛國，罪加一等，下場不是被送進逃脫無望的政治集中營，就是被處決。

惠純說她知道一條逃離中國的路線。青島的基督教傳教士可以協助我們從中國逃到蒙古，那裡的人歡迎北韓難民。到了蒙古，南韓大使館會接手照顧北韓難民。惠純想去青島試試看，但她沒有勇氣單獨上路，便邀我跟我媽同行。

聽完這個女人的故事，我就知道我們非去蒙古不可。媽媽很害怕，她說我們在瀋陽過得不錯，離開這裡風險太大，一直說服我放棄這個念頭。但過去的那股渴望在我體內燃起，告訴我生命不只是為了存活而已。我不知道這一去會發生什麼事，但我知道我寧可死，也不要再過這樣的生活。我心裡很清楚一件事：我應該被當作一個人，而不是被獵捕的動物。我再一次緊握著媽媽的手不肯放開，直到她答應我跟我一起前往蒙古。

惠純給了我們一名傳教士的手機號碼。媽媽打給他時，他說他也是脫北者，因為上帝的慈悲才保住性命，得到自由。我媽跟他說我們想逃到南韓，還有我們在尋找失蹤的姐姐，她可能在南韓等我們。對方告訴我媽上帝萬能，什麼事祂都能達成。只要我們向上帝禱告，一切都會沒事。他留下一個號碼，要我們聯絡青島的人，那裡的人會教我們更加認識上帝，也會幫助我們逃到南韓。

媽媽把這段對話告訴我的時候，我們都不懂傳教士說的話。北韓是無神論的國家，這是我們第一次聽到基督教上帝的事。但我們很樂意相信新事物，只要那能讓我們活下去，況且「慈悲」聽起來很正面。因此，儘管得到的資訊不多，我們再次決定要放手一搏。

唯一的問題是錢。我們雖然存了一些錢，還是不夠逃亡所需的花費。

不知道為什麼，每當肚子餓的時候，我總是相信只要意念夠強，麵包就會從天上掉下來。我爸即使在最艱困的時候，也抱持著同樣的樂觀主義。但光是樂觀和努力並不一定會成功，還需要運氣。或許那個老算命師說得沒錯。我的命運雖然波折，但一直非常幸運。

我們正在準備逃亡時，有個我在線上認識的朋友伸出援手，化解了我們的困境。他是南韓的專業人員，三十好幾，是我的聊天室常客。我在線上認識的男人大都以為我住在首爾，因為我沒說實話。但這個人不一樣，他真的把我當人看，所以我跟他說了一些我的真實遭遇。他聽了很震撼，才想要幫助我逃亡。後來他飛到瀋陽跟我見面，拿錢貼補我們不夠的費用。他說只要我逃到南韓之後給他一通電話就好了；我覺得他其實連一通電話都不奢求。他是個寂寞的男人，但心地很善良。

過沒多久，我們便準備動身了。媽媽問明玉要不要跟我們一起走，但她還有自己的事業，而且不敢說走就走。

二月初，離開瀋陽的時機已經成熟。這趟危險之旅對我們形成了沉重的精神壓力。我給自己買了一件咖啡色的花呢外套以便在路上穿，行前我們還到一家韓國餐廳大吃一頓（平常我們絕不會做這種事），甚至到卡拉ＯＫ唱歌，不過是那種讓人聚會歡唱的普通卡拉ＯＫ。

我不大會唱歌，但我一直很愛媽媽的歌聲。小時候，她打掃家裡或哄我睡覺時會唱歌給我聽。她的歌聲是我聽過最美妙、最溫暖的聲音。再次聽到她的歌聲，粉碎了我這些年來在心裡築起的高牆。將近兩年來，我覺得自己的五官都已麻木。我感覺不到、聞不到、看不到、聽不到，也嘗不到周圍的世界。如果不過濾周圍的事物、照單全收，我很可能會瘋掉。如果我讓自己哭出來，可能永遠停不下來。所以我努力存活，但是從不覺得開心，也從不安心。此刻，聽著媽媽唱起老歌，那種麻木的感覺逐漸融化。對媽媽無止境的愛，還有害怕失去她的巨大恐懼，將我整個人淹沒。恐懼的感覺就像身體的痛，把我的胸口挖空。她對我來說就是一切。她就是我的全部。

我要守住我對爸爸的承諾：保護媽媽的安全，還有找到恩美。那表示，必須想辦法逃到南韓。

18 跟隨星星的指引

隔天早上，我、我媽和惠純坐上公車，展開從瀋陽到青島的漫長旅程。這趟路大約有七百五十哩遠，途中隨時可能有中國警察把我們攔下來，要求檢查身分證。但我們運氣不錯，兩天就順利到了青島，沒遇到臨檢。

青島是個龐大而現代的港口城市，隔著黃海跟南韓遙遙相望。有護照的旅客從這裡飛到首爾的仁川機場只要一個多小時，但脫北者得走另一條更曲折的路，才能奔向自由。

到了青島公車站，有個韓裔中年女子來接我們到一棟公寓。附近是一片不起眼的社區，我們被丟在其中一個（青島市內至少有兩個）由新教祕密教團管理的收容所。那是一整個地下逃亡路線的第一站。脫北者在這裡一邊接受聖經內容的訓練，一邊等待前往蒙古的機會。這個傳教團的負責人是一名南韓牧師，當地的韓裔女人和中國基督徒會幫忙安排旅程，冒著危險帶我們前往蒙古邊境。

中國人民共和國跟宗教團體的關係很複雜，而且往往攙雜了暴力。一九六〇年代文化大革命期間，教堂被掃蕩殆盡。雖然經濟改革到後來，無神論的中國政府開始允許一些教堂公開運作，但仍禁止基督教傳教團對非信徒傳教，幫助北韓人逃到別的國家就更不用說了。我們聽說，如果當局發現青島教團做的事，牧師和其他人員都會被送進監獄，我們也會被遣送回國。因為這個原因，傳教士從不對我們透露他們的真實姓名。

我們三個人跟另外八、九個女性脫北者合住一間小公寓。我們不能發出太多聲音，也不能自己走出公寓，雖然有些人照樣出門。每人每天有五元（約六十五分美金）可以買食物。那個韓裔女人每週會帶我們去安全的地方購物。幸好我跟媽媽有錢多買一點食物跟其他人一起分享。

以前我跟我媽從沒聽過「耶穌基督」這個名字。為了幫助我們理解，有位脫北者對我們說：「就把上帝想成金日成，把耶穌想成金正日，這樣妳們就會懂了。」

我必須承認，一開始我只是假裝配合。如果要把耶穌當成救星才能逃去南韓，那麼我願意當全世界最虔誠的基督徒。我們每天早上都要禱告，然後讀一整天的聖經。牧師要我們用韓文抄一頁又一頁的聖經箴言，也常要我們唱聖歌、祈禱和懺悔。理解一個全知全能的上帝，對我來說完全不是問題。這個概念跟我們在北韓認知的「敬愛的領袖」很像，一樣無所不知，一樣會供應我們一切，只要我們對祂忠心不二。我不理解的是，祂怎麼會是一個慈悲的上帝。我也不懂為什麼這個上帝存在於南韓，卻不存在於北韓。

但不久之後，聖歌和福音精神將我融化，我完全接納了這套傳達希望的訊息，同時我也發現我很會祈禱。

我們抵達不久，我媽就打電話給我們的朋友善禧（Sun Hi）。她跟她的中國「丈夫」和九歲女兒興心住在鄰近的省份。之前，我們曾經一起住在弘偉的公寓一小陣子，她跟我媽很快成為好朋友。她們年齡相仿，都是惠山人（雖然在惠山的時候並不認識），而且都在尋找消失在中國人口買賣網裡的大女兒。善禧的命運曲折又悲慘，不過她很堅強，甚至長保樂觀開朗，我們都把她們母女當作自己的家人。

媽媽把我們的逃亡計畫告訴她，還跟她說只要聯絡傳教團，她也能逃去南韓。善禧和小女兒在丈夫的農場只能勉強餬口，她也很想找機會逃走。她們母女在二月中抵達青島，加入我們的團體。

可惜那時候我們已經準備搬到另一間公寓。我媽跟個性強勢的惠純處不好，她的反應或許是壓力造成的，但她無論如何不想再跟惠純住在同一個屋簷下，也不想跟她同行。我們捐了一些錢給傳教團當作謝禮，不久搬到另一間類似的公寓，那裡有另一群人等著前往南韓。這群人剛好是預定前往蒙古的下一批人，所以我們會比其他人更快離開中國。

除了我和媽媽，新組員還有三個女人。一個在中國住了將近十年，一個二十出頭，一個跟我媽差不多年紀。此外，還有一對年輕夫婦和三歲的兒子，這家人的南韓親戚付了一大筆錢請掮客把他們帶出北韓，所以他們直接越過邊境來到青島的傳教團，之前從沒在中國住過，一個中文字都不認得。

我跟媽媽都喜歡這群人，很快就跟他們打成一片。他們已經完成聖經的訓練，牧師認為我們都已經準備好動身。

二月底的某一天，我們正在做最後的準備時，牧師集合大家召開禱告會，一起讚美上帝、向上帝懺悔。這個儀式對北韓人來說似曾相識。我們圍成一圈坐在一起自我檢討，祈求上帝原諒我們犯的錯。

我們之前跟牧師進行過很多次這樣的儀式，但這次感覺不一樣。我懺悔完後，牧師問：「妳沒有更多話想說嗎？」

我不解地看著他，他轉頭去看我媽。「妳們應該有更多罪想在大家面前懺悔？」

我們驚訝得說不出話。我跟媽媽用眼神默默傳遞內心的想法，我們只想得到一個可能：別組有人跟牧師說了我們在聊天室做的工作。

「我們私下跟上帝懺悔就好。」我媽說：「一定要在大家面前懺悔嗎？」

他說「對」，我們只好在眾人面前和盤托出，求上帝原諒。

我們泣不成聲，牧師於是請其他人先離開房間。

我跟媽媽對牧師說，我們曾經在瀋陽的聊天室工作，但我們很後悔。當初那麼做只是為了存活，我們認為上帝已經原諒我們了。

牧師嚴肅地搖了搖頭。

「不，妳們是罪人，我不能讓妳們以罪人之身前往蒙古，妳們會拖累那些無辜的人。」

我們不斷哀求他，向他保證我們絕不會再做那種罪孽深重的事。我們真的非常非常後悔。他能不能原諒我們？

「那不是我能決定的，」他回答：「妳們要祈求上帝原諒妳們。」

我媽接著說：「你說得對。我們罪孽深重，如果誠心懺悔，上帝還是不原諒我們，那我們也不敢跟其他人同行，連累他們。我們只能繼續懺悔，求上帝憐憫。」

牧師沉默了一會兒，然後念了一段韓文的〈以賽亞書〉：

「上主說：『來吧，我們來理論！雖然你們的罪污朱紅，我卻要使你們像雪一樣的潔白。雖然你們的罪污深紅，我卻要使你們跟羊毛一樣的白。』」

這段話撫慰了我，我一再為牧師的禱告表達感謝，但禱告結束之後，我為自己為了存活而做的事感到骯髒、羞愧。

隔天，那名韓裔女人告訴我跟我媽，我們可以跟同組人一起走了。出發之前，牧師又來公寓帶我們禱告，祝福我們一路平安。他把我拉到一旁說：「在南韓要**正正當當**過日子。」我聽得出來他對我的期望不高，他認為我的過去會影響我的未來。我要怎麼告訴他，我只想要活下去，獲得自由。

我們這組人計畫晚上徒步越過邊境到蒙古。那時剛好是一年最冷的時候，戈壁沙漠可能降到華氏零下二十七度。冬天越境通常比較安全，因為中國邊境的巡邏比較寬鬆，他們不會想到有人敢冒著凍死的危險走這條路。但我們還是有可能在抵達邊境之前就被逮捕。我跟媽媽決定，無論如何都不能被抓。她在身上藏了很多安眠藥（就是當初我外婆用來自殺的那一種）；我在花呢夾克的腰袋上藏了一片剃刀，這樣他們把我送回北韓前，我就能割喉自殺。

動身前一晚，我打電話給弘偉。我們已經好幾個月沒見面，我對他的感覺還是很複雜。但此刻，面對這趟生死未卜的旅程，我對過去的事已經比較釋懷。我花了太多時間和力氣痛恨別人、痛恨別人所做的選擇。如今我才十五歲，卻覺得自己已經沒有足夠的時間對經過我生命的人表達愛和感激。我告訴弘偉，我祈禱我爸能原諒他，不再糾纏他，也祈禱我能原諒他。我還告訴他，我要從蒙古逃到南韓，如果我死在沙漠裡，他會是世界上唯一記得我的人。

說完後我哭了，弘偉也因為情緒激動而聲音哽咽。

「再見了，研美。」他說：「我祝妳一路順風，請妳要活下來。」

這一次他總算得償所願。

我們花了四天才抵達邊境，那四天很漫長。有個替傳教團工作的漢人，陪我們搭火車和公車到邊境。他中等身高，看上去四十好幾，長相平凡，這樣護送沒有證件的脫北者出境才不會引人側目。他不會說韓文，而我又是組裡中文說得最好的人，所以負責幫他翻譯，告訴組員如果被警察攔下該如何反應。「如果有人被抓，請不要放棄組裡的其他人。」他說：「告訴警察你只有一個人，好讓其他人順利逃走。」

在青島坐上火車時，大家當然很緊張不安。我們搭了一整天的車，在車上裝睡，這樣才不會有人找我們說話。到了北京我們換搭公車，車子在山裡繞來繞去，中國古代皇帝在這裡建造了綿延曲折的高大石牆，阻止北方大草原的蠻族入侵。沿著兩線道高速公路進入內蒙古的沙漠高原之後，周圍的土地愈來愈平坦、空曠。我們只帶了小背包，沒有其他行李，背包裡也只有瓶裝水、乾糧和少數個人物品。我們緊張地抱著腿上的背包，四下張望公路上是否有路障或檢查站。謝天謝地，都沒有。

漫長的路途在二連畫下句點。這個邊境小鎮灰塵漫天，位在廣大的戈壁沙漠中間。我們抵達時還很早，帶路人四處尋找能讓我們躲到晚上的地方，但因為我們沒有合格的證件，只得到處碰壁。最後，我們終於找到一間收現金、不會問東問西的旅社。

我們在房間裡焦躁地等待天黑。我跟媽媽對經營旅社的情侶起了疑心，雖然冷得要命，我們照樣開著窗戶，這樣一聽到警察的聲音才能馬上跳出窗戶。太陽逐漸西沉，帶路人說他會把我們丟在接近邊境的地方，之後我們得靠自己了。由於小男孩的父親是隊上唯一的男人，大家選他當隊長，帶領大家橫越沙漠。傳教團的韓裔女人給了我們兩支手電筒和兩個指南針，帶路人教男孩的父親怎麼找到方位。我們要從被放下的地方往西北方走，越過五道鐵絲網才會走到一堵很高的圍籬，到了那裡表示邊境到了。進入蒙古後，我們一看到人要表明自己是北韓難民，這樣才能獲救。如果沒看到人，我們就得去找鐵軌，沿著鐵軌走到最近的城鎮。

理論上來說，這麼做應該可以成功。

有輛計程車在黑夜中駛來，載我們到市郊幾哩外的一座工地。小男孩的爸媽叮嚀他等一下在沙漠上不能哭，不然會洩漏我們的行蹤。幸好他很乖，沿途都沒發出聲音，不過我們也準備了鎮定劑以防萬一。

我們的中國帶路人給了我們最後的指示，我翻譯給大家聽：「如果你們望著沙漠，會看到蒙古那邊的小鎮發出明亮的燈光，朝著燈光走就對了。」他說：「中國那邊的燈光微弱許多，別靠近那裡。」

四分之一個月亮掛在我們頭頂的天空上，與星星爭輝。帶路人指著最明亮的一顆星。「如果跟大家走散了，或是無法使用指南針，只要抬頭找到最亮的那顆星星，那邊就是北邊。」

之後，他送我們上路了。走了幾步，我跟媽媽回過頭，看見他跪在結冰的地面上，雙手合十舉向天空。我不禁納悶：**這個人甚至不會說我們的語言，為什麼他願意冒生命的危險幫助我們**？我跟媽媽感動到流下眼淚。我默默在心中禱告，向他道謝，我們一行人漸漸消失在黑夜中。

周圍沒有樹也沒有灌木叢，沒有可供掩護的地方。眼前只有一望無際、一成不變的沙土和石頭，一叢叢乾草點綴其中。寒風像一頭生物，偷偷尾隨在我們身後，猛力拉扯我的皮膚、抓住我的腳，拖慢我的速度。我立刻後悔自己沒穿防風大衣，只穿了在瀋陽買的花呢羊毛外套。傳教士要我們盡量減輕行李，但我太死腦筋，連手套和圍巾都沒戴。我靠著媽媽取暖，看到我直發抖，她把身上的厚大衣脫下來給我穿。我媽的鞋子太薄，不適合這種粗糙路面，所以她一再跌倒。於是男孩的爸爸拿出一雙多餘的運動鞋給她穿。尺寸太大，但我媽把鞋帶綁得很緊，牢牢固定在腳上。沒有他的幫忙，我媽很可能走不完全程。

那是我有生以來最漫長的一晚。每當聽到聲響或看到遠處的車燈，大家都會繃緊神經。鑽過了第四道鐵絲網，我們聽到遠處傳來引擎聲，之後便看見一盞巨大的探照燈掃過沙漠。我們馬上趴在地上，不敢亂動。男孩的爸爸手裡有一支聯絡用的手機，他撥手機給青島的傳教團，問牧師知不知道那個探照燈是中國人還是蒙古人的？我們該怎麼辦才好？

牧師的回答是：「別被抓到就對了。」

我們一直趴在地上祈禱，直到聲音和燈光愈來愈遠。我們不敢打開手電筒看指南針，只好看星星辨認方向，連走帶爬地橫越沙漠。穿過第五道鐵絲網之後，我以為苦刑很快就要結束了。但後來幾朵雲遮住了星星，我們迷失了方向。有一會兒的時間，我們一直在原地繞圈圈，後來終於想到一個方法：大家圍在男孩父親的周圍，幫他擋光，讓他打開手電筒看指南針，找出正確的方向。

時間一分一秒流逝，天氣愈來愈冷，我開始覺得我們永遠走不到了。我想像自己死在這片沙漠上。會有人找到我的屍骨，幫我立墳嗎？還是我會從此消失，被人遺忘，彷彿從來沒有存在過？突然意識到自己在這世界上是那麼的孤單，是我從小到現在覺得最可怕也最悲傷的一件事。

那天晚上，我也開始痛恨金正日這個獨裁者。以前我從沒想那麼多，但此刻我怪他讓我們受了那麼多苦。我終於允許自己對他有負面的想法，因為即使他能看穿我的心思，我大概也無法活著離開這裡了。他能拿我怎麼辦？再殺我一次嗎？即使面對死亡，背叛敬愛的領袖可能還是我做過最艱難的一件事。我已經不在他可以懲罰的範圍，但還是覺得不管到哪裡，他的手都跟著我，試圖把我拉回去。後來媽媽告訴我，那晚我們在黑夜中蹣跚前進時，她也想著同樣的事。

正當我心想情況不會更糟的時候，一群野獸在黑暗中將我們包圍。我聽到牠們擦過地面、呼呼喘氣的聲音，也看得到牠們的眼睛反射黯淡月光所發出的微光。我不知道牠們是山羊還是野狼，但我完全嚇傻了。

「救命啊！有人在嗎？誰來救救我們！」我大聲尖叫，完全不管出現的會是中國人或蒙古人。

但完全沒人回應。

我已經準備放棄，躺下來等死。我再也走不動了。幾個小時前，我開始出現幻覺，看見地平線上出現了鐵絲網。「媽，妳看！」我反覆說，但每次走到那裡都發現什麼也沒有。

天快亮時冷到不行，大家都怕會活活凍死。絕望之下，我們用沙漠上撿來的乾樹枝和乾草生了一小堆火，但火實在太小。我們正在討論把多餘的衣物當作燃料，拿來生火，突然聽到火車經過的聲音。聲音聽起來好近，我們原本還以為這裡是荒郊野外。在冰冷而沉滯的空氣裡，聲音似乎是從兩個地方發出來的。其他人都往一個方向跑，只有我跟我媽往另一個方向跑，因為我們認為聲音是從那裡傳來的。

幾分鐘後，巨大的邊境圍籬在我們前方隱隱浮現。我以為又是我的幻覺，但我們看見鐵絲網上的破洞，還有前人鑽過去時被鐵絲鉤破的碎布。就是這裡！我們手腳並用從洞口爬過去時，尖銳的倒刺劃破我的長褲和外套，像要把我拉回中國。媽媽幫我扯開衣服，一瞬間我們自由了。

太陽在我們背後升起，把我們又長又淡的影子打在沙漠上，我們終於踏上了蒙古的土地。媽媽抓住我的手，提醒我今天是三月四日——我爸的生日。

第三部

南韓

19 自由之鳥

我們才呼吸了幾分鐘蒙古的自由空氣，一名穿迷彩服的士兵朝著我們跑過來。他舉起步槍，用我們沒聽過的語言吆喝了幾聲。這表示他是蒙古人，我們得救了！

「謝謝！謝謝！」我用中文大喊：「謝謝你！謝謝你！」

士兵一直對我們叫囂，但我欣喜若狂，高舉著雙手蹦蹦跳跳。他努力繃住臉，但還是忍不住笑出來。

我們隊上的其他人把雙手高舉過頭，從遠方走過來，後面跟著更多個拿槍指著他們的士兵，氣氛頓時改變。把我們集中在一起之後，蒙古士兵同時對著雙向無線電通話，場面變得很混亂。幾分鐘後，三、四輛軍用越野車轟隆隆地從寬闊的沙漠開過來，將我們包圍。

有名高階軍官坐在其中一輛軍車上，他命令我們八個人擠進他後方的兩排座位。我們一上車，他轉過頭用不太靈光的中文說：「Hui zhongguo.」意思是：「回中國。」

我呆住了。不應該這樣的！我們想都沒想便跳下車，只剩我媽和那個爸爸抱著兒子留在車上。士兵試圖把我們推回車上，但我們死命抓著他們的制服邊哭邊哀求：「救救我們！請不要把我們送回去！我們會被處死的！」

我伸手去摸藏在腰帶裡的剃刀，隨時準備拿出來割斷自己的喉嚨。我是認真的，今天就是我的末日。

「如果你們把我們送回去，我們就自殺！」我哭喊著說。

「對！我們寧可死！」另一個女人跟著喊。

士兵一臉驚恐，甚至有點羞愧，最後他們其中一個說：「好吧，那就去首爾。」

這句話安撫了大家的情緒，於是我們坐回車內，但一察覺司機往中國邊哨的方向開，我們又開始驚惶失措。

「不可以！我們不能回去！」我大喊，大家又跟著我哭號哀求。

我們當中的一個北韓女人輕推男孩父親的手肘，說：「快禱告！」他輕聲回答：「我正在禱告！」

我一慌就忘了禱告詞，但傳教士教過我們，無法禱告的話，簡短說幾個字也可以。於是我在腦中不斷默念：「耶穌的血就是我的血。」我不知道這句話是什麼意思，但感覺用在這個時刻很適合，而且那是我唯一想得到能幫助我們活下去的一句禱告詞。此時此刻，我顯然無法靠人活下來，所以我要對岩石、樹木和天空祈禱，求它們幫助我們離開這裡。

媽媽一直在想怎麼樣才能救自己的女兒。她想過要把我推出車門，這樣我就可以在車子開到中國之前逃走。在北韓，很多人為了避免被抓，會從行駛中的火車上跳下來。但她又想到汽車跟火車不一樣，隨時可以停下來，對方能輕易把我抓回去。唯一可行的辦法是以死明志，幸好最後沒有走到這一步。

車子搖搖晃晃開過小鎮，開過通往中國邊哨的路，一直往前開，最後轉進一座蒙古的軍事基地。

軍車一通過柵門，我們八個人被送到看似營房或監獄的一棟平房。女人被帶進一間房間，有名女兵命令我們脫掉衣服，甚至連我們的毛髮都檢查，目的是看我們有沒有藏錢或毒品。她拿走媽媽身上剩下的人民幣。這裡的人把我們當犯人對待，而不是難民。不過，他們讓我們住有上下鋪的大房間，還給我們東西吃。我們在這座軍事基地待了一個多星期，那裡的士兵常說要把我們送回中國，但我們不知道他們是說真的，還是只是嚇唬我們。

每隔一陣子，會有蒙古軍官來幫我們拍照、問我們問題，我被找去幫大家翻譯。除了那個小男孩，我是隊上年紀最小的，但因為我可以跟蒙古人溝通，便扛起了這個責任。

後來有幾名軍官帶我們搭火車到蒙古的首都烏蘭巴托，大家總算鬆了一口氣。我們先是換到另一座基地，後來又換到鄉下一處安全收容所。我們抵達時，那裡已經有二十幾名脫北者，每當有人遷出就會有更多人遷入。

男女分發到不同的房間，但房間裡沒有床，只有鋪了毯子的木板。工作人員一星期會燒一次熱水讓我們洗澡，每次都是男人先洗，跟在北韓時一樣。因為仍是冬天，大家多半時間都冷得受不了，但是沒有人抱怨。對北韓人來說，這樣的地方很常見，甚至算得上奢侈，但南韓人可能會說這裡是囚犯營。

我們不能擅自離開，睡覺、吃飯和工作都要遵守嚴格的作息表。大人打掃室內，我通常負責打掃外面。大概每週有一天，南韓大使館會派代表過來問我們問題，要我們寫下自己的經歷。但大使館的人不肯說我們還要等多久，也不肯告訴我們這裡到底是什麼地方。

蒙古和南韓政府之間顯然有某種協議，才把脫北者藏在這裡，直到把人送往首爾為止。蒙古的官方政策允許從中國來的北韓難民前往第三國，但實際的情況又很模糊不清。事實上，脫北者困在一場存在已久的政治經濟拉鋸戰中，動彈不得。蒙古曾經是蘇聯的附庸國，如今成為一個市場經濟日漸發展的多黨派民主國家。它跟南北韓在外交和經濟上都有往來，跟中國和美國也是，而它處理北韓難民的方式，似乎也反映了不同時期跟這些國家的關係緊密程度。二〇〇五年，每個月約有五百名北韓難民越境而來。二〇〇九年我們越過邊境時，這個數字大幅下降，因為中國加強了邊境巡邏，而蒙古跟平壤也愈走愈近。帶人過境的掮客和傳教團眼看情勢不妙，逐漸放棄蒙古這條路線，改走另一條路線，取道東南亞前往南韓。

事實上，我們八個人是青島傳教團送往蒙古的最後一批人。我們離開之後一個月，善禧跟她女兒也來到了蒙古。因為我跟我媽跳到另一組，所以善禧、興心和愛惹事的惠純被分到第三組，甚至比我們一開始排定前往蒙古的時間還要晚。這對她們來說是因禍得福，因為我們原先待的那一組到了邊境之後被中國士兵逮捕，全部遣送回北韓。

他們被捕後的兩個星期，善禧那組才動身出發。他們跟我們一樣，爬過圍籬就遇到蒙古的邊境衛兵，對方也說要把他們送回中國。善禧真的吞下毒藥抵死抗拒，對方只好把她送往醫院急救。後來，我們聽說青島傳教團不久之後就關閉了，那個韓裔女人和我們的帶路人，都因為幫助北韓人投奔自由而被捕入獄。

我跟媽媽不知道我們被關在蒙古多久、會不會被送回中國。一天又一天的等待讓我們心灰意冷，但是在戶外工作有助於轉移情緒，因為這樣就不會覺得自己被關在監獄裡，而且烏蘭巴托周圍的風景很美。有時媽媽會跟我一起望著遠山，想像我們自由了。一天好幾次，有閃亮耀眼的銀色噴射機低空飛過，從山谷某處的機場飛往別的地方。飛機愈飛愈高時，看起來就像毅然決然飛向自由的大鳥。媽媽看到我盯著飛機看，就說：「我們會搭那樣的飛機去韓國，我們很快就會自由了。」我想像自己坐在那樣的飛機上，消失在藍天中，卻覺得不可能有那麼好的事。

二〇〇九年四月二十日，一名南韓代表到收容所接我們，開車載我們到烏蘭巴托的國際機場。因為沒有證件，我們拿到了印著假名的南韓護照，好讓我們通過蒙古的海關和移民局。

南韓代表提醒我們在機場不要說韓文，於是我們在出境大廳等候時一句話都不敢說，連大氣都不敢喘一下。每次看到穿軍服的人，我都嚇得魂快飛了（我有時還是會有這種習慣反應）。最後，我們終於被送上飛機。中間沒被攔下來，讓我鬆了好大一口氣。這當然是我們這輩子第一次坐飛機。坐定之後，我跟媽媽不敢置信地看著彼此，我舉手跟她擊掌。那是我從韓國電影裡學來的手勢，我已經準備好要當南韓人了——當時我是這麼想的。

等待起飛時，我跟媽媽緊緊握著彼此的手，覺得自己就像電影裡的人，正站在人生的某個轉捩點上，千頭萬緒從腦中掠過。我重溫了在戈壁沙漠上走的每一步，也想起我們跨過冰凍的河流到了中國，驚險逃過掮客和黑幫的魔掌，最後抵達蒙古的過程。我在腦中看到了爸爸，他彷彿一路陪著我，幫助我活下來，指引我度過危險。我很慚愧沒讓他嘗到自由就看著他死去，現在我要走了，他卻不在我身邊。我體會到了存活者的羞愧感，因為有這麼多親朋好友死去或困在人間地獄裡，而我們卻活了下來。但媽媽的快樂，以及很快能找到姐姐的希望（如果她不是已經在韓國等我們的話），減輕了我的悲傷和罪惡感。

我坐在靠窗的位子，迫不及待要看飛機起飛，這樣就能親眼看到之前只在照片和影片中看過的海洋和海平線。但飛機一開始往跑道高速奔馳，我開始嚴重暈機。接下來三個半小時的航程，我都不敢看窗外，即使飛機朝著南韓的仁川機場降落時也一樣。我不想因為暈機，毀了我第一眼看到的自由世界。

根據指示，我們得留在位置上等機上乘客走完。之後，有個國家情報院（南韓的中央情報局）的人上飛機，護送我們走出去。後來又來了更多探員，一起把我們帶離機場。這些人帥氣又英挺，說話腔調很好聽，就像我在盜版片上看到的南韓演員。媽媽不得不戳戳我，免得我盯著人家不放。

下了飛機，我彷彿踏上另一個星球。我看見的第一樣東西是燈光明亮、宛如洞穴的白色走道。電動步道像魔毯一樣往前滾動，帶我們到主要航廈。從另一個方向滑過去的時髦南韓女孩穿著漂亮的皮夾克、迷你裙，耳朵上別著糖果色的耳機。看見她們，我好想鑽進地洞裡，藏起我身上的破舊花呢外套和縫縫補補的牛仔褲。在這個光鮮亮麗的地方，穿得像個鄉下窮女孩，感覺好丟臉。

到了電動步道的盡頭，我不敢踩上光滑的大理石地板，那看起來像冰凍的河流一樣滑，我怕自己會滑一跤。我在廁所逗留了很久，大家都在等我。我以為自己在中國看過現代廁所，但眼前所見還是讓我目瞪口呆。馬桶光滑又乾淨，我還以為是給人洗手的地方。一排洗手台的水龍頭在人走過去時神祕地打開，接著又突然關上。我怕丟臉，不敢問人要怎麼使用，只覺得自己又笨又矬。所以說，還沒正式踏進南韓，我就覺得自己好失敗。

情報院的英挺探員迅速帶我們八個人穿過機場的後走道，坐上一輛等著我們的巴士。

我們到的第一站是醫院。我在那裡做了生平第一次的身體檢查。看著醫生用那麼多現代儀器幫你檢查感覺很怪，但最怪的還是護士小姐竟然要我尿在杯子裡。**什麼**？我完全不知道該怎麼做。而且她們給我的杯子很好，我才不想拿來尿尿！

報告很快出來了，我順利過關，沒有肺結核，也沒有傳染病。我們很快就會獲得自由，踏上下一步旅程。

國家情報院是一個管制出入、戒備嚴格的機關，離首爾約一個小時車程。我們一抵達，身上的家當就被收走，每個人拿到一個裝滿衣服、洗髮精和其他生活用品的大袋子。親切的歡迎儀式到此結束。這地方一看就知道比較像監獄，而不是難民收容所。安置我們的人動作粗魯，說話也是，連對小孩也不例外。我跟在蒙古一樣被帶到一個房間裡脫光光徹底搜身，我再次覺得受到羞辱和侵犯。以這種方式展開自由生活，真教人沮喪。

當局這麼做的目的是想剔除冒牌難民，例如想移民到南韓的韓裔中國人，還有冒充脫北者的北韓間諜。這層考量是合理的，這些年確實有幾十名脫北者因為從事間諜活動被逮捕，但這在兩萬六千名通過國情院檢核、如今在南韓定居的脫北者之中，只占很小一部分。

情報院的探員對我們說，我們要先接受質問和調查才能進入南韓。我跟媽媽得決定要向他們透露多少事實。自從在青島跟牧師坦承我們曾在聊天室工作，看過他的可怕反應之後，我們很擔心洩漏自己的過去。我們認為這些南韓人知道的愈少，對我們愈好。所以我們把我十三歲就被賣到中國，還有我當過弘偉的情婦的部分拿掉，另外編了一個故事。但故事太複雜又難記，後來我媽決定還是照實講比較容易。她只隱瞞了她跟爸爸離婚的事，因為在她的認知裡那一直是演戲，不過是為了在爸爸坐牢期間方便她變更居住地。跟爸爸保持婚姻關係（即使他已經過世），是她對爸爸表達尊敬的方式。

搜完身，我們一行人被帶到一個房間，裡頭擠滿二十幾個剛抵達的脫北者，大家躺在地上鋪的毯子上。那裡的人給了我們每個人紙筆，要我們寫下自己的詳細資料。交出資料後，我們可以聊天、睡覺，或是看閉路電視（但只有韓文配音或有字幕的迪士尼頻道）。我從電視上認識了海底的生物、熱帶的荒島，還有非洲的鱷魚。我甚至第一次看見嬰兒怎麼在媽媽的肚子裡長大。那是一段漫長的等待，但非常有教育性。那裡的伙食也很好。我們吃了很多點心和餅乾，還可以排隊領新奇又美味的食物，比方以前我從來沒吃過的咖哩。有些工作人員對我們很刻薄，但大部分的人非常親切和善。我們每天有幾個小時可以運動、伸展四肢，除此之外，我們過著與世隔絕的生活，看著舊人邁向新的階段，新人進來遞補空出的位置。

我們從認識的人那裡聽過許多可怕悲慘的故事。聽說明玉有一個在聊天室工作的朋友花錢從東南亞逃到南韓，但還沒到泰國就淹死在氾濫成災的湄公河上。我跟媽媽原本也想走那條路線，後來因為太貴而作罷。這趟逃亡之旅沒有絕對安全的路線，我們能活著抵達已經非常幸運。

在集體等候室待了約二十天後，我跟媽媽被移到較小的房間，跟一個帶了三個孩子的母親一起住。她跟我媽說，她眼睜睜看著丈夫被捕，卻為了保護小孩不得不假裝不認識他，為此她非常地內疚。媽媽說她做了正確的決定，試圖安慰她，但晚上睡著之後，她都會呼喊丈夫的名字。

又過了兩個多禮拜，終於輪到我們接受調查。我跟媽媽被移到單人房，每間單人房都配有小床、桌椅和一套小衛浴。吃飯時間到了，會有人送食物進來，順便把上一餐的餐盤收走。

負責問我話的探員是個中年男子，長得很高，說話有種溫柔的腔調，一開始我覺得很迷人。但他問的很多問題讓我覺得很彆扭，跟在青島時一樣。

一開始，他問我在學校學些什麼，還有一些只有北韓學童知道的事，例如少年先鋒隊的入隊誓言。他要我畫出鄰里街坊的地圖，還問我們家在北韓是做什麼的。有時我會被帶到他的辦公室回答問題，有時他會打電話跟我確認我媽說的事。我知道這是必要的程序，但這弄得我神經兮兮，尤其是他要我談在中國發生的事的時候。

調查快結束時，他問我：「妳身上有刺青嗎？」

我知道他真正想問的是：「妳是妓女嗎？」妓女在中國經常可以從手臂或背上的刺青辨認出來。這個男人覺得自己有權利問我這樣的問題，讓我羞愧得無地自容。這到底為什麼那麼重要？他一定知道我的過去，知道我曾在聊天室工作。此刻他看著我的眼神，好像我是他剛從鞋子上刮掉的髒東西。在他眼裡，我比昆蟲還不如。

「沒有，我沒有刺青。」我說。

「妳**確定**？」他又問。

「沒有就是沒有，為什麼你就是不能相信我？」

「妳知道我可以叫個女的進來，把妳的衣服脫光檢查。」

「你查啊！要查現在就查！」

「好好好，放輕鬆。」他說：「我相信妳。」

探員試圖轉換話題。「所以到南韓之後，妳有什麼打算？」

我毫不遲疑地說：「我想讀書，然後上大學。」

他驚訝地哼了一聲，說：「我想很難。」接著補上一句：「但我想每個人都該有第二次機會。」

第二次機會？我在心裡暗想：**犯人才需要第二次機會**。我知道自己不是犯人，我做的一切都是為了讓自己和家人活下來。但我的心已沉到谷底，我發現自己在這個地方毫無希望。我覺得自己很骯髒，徹底迷失了方向，就像之前聽牧師指責我們的罪惡時一樣。如果大家知道我是誰之後就這樣對待我，那麼我勢必得變成另外一個人。變成一個在南韓可以立足、出人頭地的人。我的人生到目前為止都在努力存活，我在北韓撐了過來，在中國也用另一種方式活下來，但到了這裡，我卻懷疑自己有沒有力氣活下去。我覺得好累。

回到牢房般的房間，我看著窗外。我原本以為到了這個國家就能獲得自由，但現在我看見的是另一個地獄。只要把手腕架在尖銳的金屬窗台上，深深劃一痕，我的生命就會像一場突來的風暴猛烈炸開，然後快速流逝。

但我想起自己曾經許下的承諾。我跟爸爸一樣，發誓不找到姐姐，死也無法瞑目。我想活著再見到她。

從中國逃到南韓期間，我跟我媽問了我們認識的所有人有沒有看過恩美，但沒人看過她。我們一到國情院，就把她的名字給了國情院的探員，但他們沒有她的紀錄。我大受打擊，但還是沒有放棄希望。如果她還在中國，只要讓她知道我們在哪裡，她就會想辦法來找我們。

六月初左右，包括我們在內、共約一百三十名剛到南韓的脫北者準備好要離開國情院。我們都通過了國家安全檢查。離開的前一晚，工作人員為我們辦了一個盛大的派對，歡迎我們展開新生活，也祝我們好運，他們知道這樣的鼓勵正是我們需要的。我們的下一站是教導北韓人成為南韓人的安置中心。

20 美夢與噩夢

他們在統一院安置中心教我們的第一件事就是唱國歌。這對我們來說不是問題，畢竟這是北韓人一輩子精益求精的技能，其他事情比唱國歌困難多了。

統一院在首爾以南約四十哩，字面上的意思就是「統一的大院」。這片以圍牆隔離的紅磚建築和綠色草皮是南韓統一部在一九九九年建立的園區。統一部本身是為了南北韓統一而成立的內閣部會，內部方案都是為了幫助脫北者融入現代社會。假如北韓的兩千五百萬人民有朝一日能加入二十一世紀的世界，這勢必是一件大工程。

南韓跟北韓分開發展已經超過六十年，連語言都出現了差異。某方面來說，對於從一九五〇、六〇年代的韓國走出來的時光旅行者來說，統一院就像一個新兵訓練營。脫北者從小在沒有提款機、大賣場、信用卡或網路的世界裡長大，南韓人使用很多他們不熟悉的俚語，日常用語也充斥著英文，甚至還有 Konglish（韓式英語）這個專有名詞。舉例來說，南韓現在稱手提包叫 han-du-bag-u（來自英語的 handbag），稱購物叫 syoping（來自英語的 shopping）。我很驚訝這裡的人購物純粹是為了好玩，還發現了很多外來語：印表機、掃描機、沙拉、漢堡、披薩、診所等等。這些對我來說不只是新字彙，也是進入一個嶄新世界的密碼。

這些新東西令人困惑也令人振奮。在我們進入競爭激烈、數位化、民主化的新家園之前的三個月，統一院的人員盡可能把我們該會的東西教給我們。

抵達統一院之後，我們這群從青島來的人被分到一二九隊，也拿到在這裡期間要穿的運動褲、T恤、連帽運動服和跑鞋。這裡原本設計一次只能容納兩百名脫北者，那時候卻擠了約六百人，全是女性和十八歲以下的小孩。成年男性被送往另一個安置機構。我們四、五人睡一間房間，吃飯都在公共餐廳一起吃。

媽媽和其他成年女性要學習怎麼到銀行開戶、使用信用卡、付房租和登記投票，我跟其他青少年和小孩則在教室裡為加入嚴格的南韓教育體制做準備。首先，他們為我們做了學力程度測驗。我已經十五歲，但很久沒上學，數學只有二年級的程度，讀寫甚至更差。

我得重新開始上學，而且要從頭開始。

我們之中有很多人很不適應課堂生活。坐在椅子上感覺不舒服又彆扭，上的課又讓人頭昏腦脹。課本上不再用「美國壞蛋」來當加減法的單位，換成了可愛又鮮豔的東西，例如蘋果和橘子。但我還是不會背九九乘法表，連英文字母這麼基本的東西都不會。除了韓文以外，我唯一認識的其他字母是我們在北韓用來拼俄文的字母。現在要學新的字母對我來說很吃力。

統一院的老師花很多時間，教我們認識封閉的北韓以外的世界。我們從他們口中得知，世界上有很多蓬勃發展的民主國家，而北韓是全世界最貧窮也最專制的國家之一。老師每天都挑戰我們從出生就被灌輸的根本信念。有些觀念比較容易接受，比方我可以相信金正日住在豪宅裡過著優渥的生活，而人民在挨餓，卻無法相信一九五〇年引發韓戰的人是他的父親——偉大的領袖金日成，不是邪惡的美國佬和南韓侵略者。長期以來，我一直不願意相信這件事。把北韓當作帝國主義侵略行動的受害者，一直是我身分認同的一部分；要放棄有如父親的聲音般根深柢固印在我的腦海、深入我的骨髓的世界觀，對我來說並不容易。再說，如果過去我相信的都是謊言，我要怎麼知道這些人說的就不是謊言？政府的人對我來說，都不可信任。

在統一院裡，我們還學習了南韓社會的一些規矩。例如，老師說在這裡不能打人，打人不但要賠很多錢，還可能去坐牢。男生聽了很震驚，我倒是覺得很好。北韓和中國都沒有這類法律，如果有人打我，我從不期待他們會受處罰。我以為我比別人弱小，所以也無可奈何。南韓的司法制度對我來說很有吸引力，因為它保護弱小不被強者欺負，以前我從未想像過這種概念。

我不知道其他脫北者有沒有同樣的煩惱，但對我來說，課程中最難的就是在班上自我介紹。大家幾乎都不知道該怎麼做，所以老師教我們先介紹自己的名字、年齡和家鄉。接著，可以告訴大家自己的嗜好、最喜歡的歌手或電影明星，最後再談談「你以後想做什麼」。叫到我的時候，我整個人呆掉。我不知道什麼是「嗜好」，老師說就是做了會讓自己開心的事，但我想不到那樣的事。我人生的唯一目標應該是讓領袖開心。況且，又有誰在乎「我」長大要做什麼呢？在北韓沒有「我」，只有「我們」。這種練習讓我又彆扭又沮喪。

老師發現我不知所措，便說：「如果覺得太難，那告訴我們妳最喜歡的顏色。」我的腦袋還是一片空白。

在北韓，什麼都要死記硬背，大多數時候每個問題只有一個正確答案。當老師問我最喜歡什麼顏色的時候，我努力要想出「正確的」答案。從來沒人教過我怎麼使用「批判思考」，教我運用理性判斷來分析一件事為什麼比另一件事好。

老師對我說：「沒那麼難，不然我先說好了。我最喜歡的顏色是粉紅色。好，輪到妳了。」

「粉紅色！」我回答，聽到正確的答案令我如釋重負。

在南韓，我學會了討厭「你認為呢？」這個問題。誰在乎我怎麼想？我花了好長一段時間，才開始為自己思考，才瞭解為什麼我的想法很重要。經過五年的「自由」練習，現在我知道我最喜歡的顏色是翠綠色，我的嗜好是看書和看紀錄片。我再也不會抄襲別人的答案了。

統一院的老師提醒我們，跟南韓學生競爭非常辛苦，我相信他們這麼說是一片好意。南韓的教育成果在全球培生指數中奪冠，英國第六名，美國第十五名。我們聽說南韓學生很拚，一個禮拜七天都在念書，為了超前同班同學，其餘時間也排滿補習。老師告訴我們這點，是希望我們對公立學校的生活不要抱著不切實際的幻想，但這剝奪了我的希望。因為還沒開始，我就幾乎想要放棄。

我從來不知道「自由」會是那麼殘酷而艱難的一件事。在這之前，我一直以為自由就是可以穿牛仔褲，看我想看的電影也不用擔心被抓。現在發現，我必須不斷思考，那樣好累人。有時候我會懷疑，若不是經常吃不飽，留在北韓還比較好，因為只要把思想和選擇都交給國家就行了。

什麼事都要負責任真的好累。在中國，我是負責賺錢養活媽媽的人。現在我不知道自己要怎麼重新當回小孩。剛到統一院時，我跟媽媽和另一對母女同房，女兒跟我差不多年紀。那個媽媽說我太成熟、太獨立，說我應該更像小孩一點。我不明白那是什麼意思，我覺得內心的自己已經有一千歲那麼老。

我討厭別人不喜歡我的感覺，故意在那些媽媽面前裝小，努力融入其他青少年，但我不知道自己裝得成不成功。我們每天都會見面，一起去戶外教學，但其實我覺得很孤單。老師帶我們遊首爾，參觀戰爭紀念館和漢江，教我們怎麼買票、坐地鐵。周圍的嘈雜聲、機器、燈光閃爍的廣告看板，還有到處可見的洶湧人潮讓我好緊張。但我滿臉堆笑，假裝專心，外表的我是個乖小孩，內心卻常陷入交戰。

有一天，我站在餐廳裡和幾個跟我年紀相仿的北韓小孩聊天，其中有個男生說了一個帶著小孩的年輕女孩的八卦。

「北韓女生都不可信。」另一個男生說：「她們都曾經被賣掉，那個女生想瞞也瞞不住。」

「你們說什麼我聽不懂。」我這麼跟他們說：「賣掉是什麼意思？」

只要提到中國，我就會像這樣閃躲。我跟媽媽從不談過去的事，即使私下也不談。我們只要看著對方，不說也知道彼此在想什麼：**小鳥和老鼠也聽得到我們的竊竊私語**。我媽也得面對我們即將進入的新世界的種種挑戰，但她的心態比我健康。只要不用為了活下來而痛苦掙扎，對她來說，每天都是美好的一天。

我們努力忘掉悲慘的過去，向前邁進。我想抹除我的過去，但一睡著，那些恐怖回憶又會回來找我。我做的夢都是噩夢，而且同樣的主題一再重複：水在我四周流動，我必須盡快涉河逃走。每次都有人在後面追我，但無論如何我都逃不掉。有時，我會尖叫著驚醒過來，過一會兒才認得床上的毛毯，想起自己是安全的，我活下來，也逃出噩夢了。

但有時，即使在大白天，我都會懷疑自己是不是還在北韓，這一切會不會只是夢。

我一天得捏自己很多次，總覺得自己隨時會從夢中醒來，回到冷冰冰的惠山家裡，跟姐姐一起躺在地板上望著窗外的月亮，想著媽媽什麼時候才會帶著食物回家。

有時我捏得太大力，會把自己捏到淤青流血，因為我需要感覺到痛，才能確認這裡的生活是真實的。有時我這麼做只是想確認自己還有感覺。麻木感在我體內蔓延，像個冷漠的同伴從遠方看著我，無法參與這個世界。

北韓沒有「憂鬱症」或「創傷後壓力症候群」這類用語，所以我不知道有這種東西，或者自己是不是有這方面的問題。「心理輔導」這個概念對我很陌生，統一院的人說要幫我「心理輔導」時，我完全不知道那是什麼。最近我看到一些研究報告指出，南韓的脫北者有將近七成五有某種情緒或心理的障礙，實際數據我想應該更高。住在統一院的人都表現得像正常人，但過去的痛苦經歷和未來的不確定感一點一滴吞噬我們的內心。

南韓早期把投奔自由的北韓難民視為民族英雄，脫北者常因此收到豐厚的獎賞、津貼和獎學金。但一九九〇年的大飢荒過後，大批難民湧入南韓，安置機構的負擔愈來愈重。事實上，脫北者的人數在二〇〇九年達到高峰，共計兩千九百一十四人。

過去來到南韓的脫北者多半是男性專業人員，如今約百分之七十五的難民是來自北方省份的貧困女性，例如我跟我媽。難民得到的安置照顧愈來愈少，限制也愈來愈多，但這對我們來說，仍是適應新家園的重要支柱。

二〇〇九年八月二十六日，統一院為一二九隊舉辦了畢業派對。我跟媽媽終於拿到大韓民國的公民證。我心裡的一塊大石頭落了地，我以為我們總算通過了邁向自由的最後一道關卡。但幾乎一走出統一院的大門，我就開始想念那裡。現在我踏上一個充滿選擇的國度，光是超市賣的米，就有十五種牌子讓我選，我已經有點想要回到一個凡事只需聽從指示的地方。

展開新生活之後，我發現原來自由有讓人痛苦的一面。

我跟媽媽拿到一筆安置補助費。包括接下來五年的住宿及其他費用，總共約兩萬五千兩百三十四美金。感覺上是一大筆錢，在發現那是一般南韓家庭一年的收入之後，就明白不是那麼一回事了。脫北者得賣力工作才能追上南韓一般人的收入，很多人沒能追上。安置人員跟我們說，如果我們搬離擁擠的首都，可以拿到多一點補助，於是我跟媽媽答應了。我們搬到了牙山附近的工業小鎮，在首爾以南，坐火車約要兩個小時。

我們分配到一間公寓，房租由政府支付。他們幫媽媽開了一個帳戶，還撥給我們一筆津貼讓我們展開新生活，但我們不是一次拿到所有的錢。據說有些中國掮客會追蹤逃到南韓的脫北者，跟他們收之前的欠款。也有一些南韓人會詐騙脫北者的安置補助費。這種事很常發生，因為剛到南韓的北韓人對這個世界的運作方式還一知半解。

北韓沒有白紙黑字寫的合約，所以統一院的人一直提醒我們，這裡凡事要寫成白紙黑字才算數，一旦你在紙上簽名，就要擔起責任，不能反悔。但過去的習慣難以改變，新的習慣又難以適應。南韓政府發現，如果把撥款的時間延長，我們至少不會一次被騙走所有的錢。不過，他們要是看過我們在牙山住的公寓就會發現，我跟我媽沒有多餘的錢可被騙。

我們住的地方位在小鎮外圍的山丘上，走一小段路就能看到幾家小店，還有能載人到鬧區的公車路線。這裡的房租很便宜，住滿靠政府補助過活的房客，包括老人、孤苦無依的殘障人士、幾名應該送到精神病院安置的精障者，還有我們。

我們住在一個附廚房的小房間裡，地上的草蓆就是床，陽台充當儲藏室。屋裡爬滿蟑螂，住戶會在電梯和大廳尿尿，我們隔壁住了一個瘋子，日夜不停地大呼小叫。幸好另一邊的鄰居是個好心的老婦人，她把她不用的碗和漂亮盤子送給我們。我們從二手店買了一台小冰箱，其他家具都是從停車場上的垃圾堆撿回來的。其他房客把不要的衣服和家用品都丟在那裡，堆成了一座小山。我們在那裡找到了檯燈、廚具、用過的床墊，甚至一台小電視，我跟媽媽都不敢相信我們運氣怎麼那麼好。這裡的人常搬進搬出，所以每個禮拜都會出現很多新寶藏。我們覺得南韓人丟掉的有用東西甚至比中國人還多。

南韓還有一個很棒的地方，就是店裡有我們買得起的水果。在北韓，柳橙和蘋果都是貴死人的奢侈品，到這裡之後，媽媽很喜歡買水果回來，切成一片一片跟大家分享。她這輩子吃了很多苦，但是總能找到值得她心懷感激的事物，而且常常在不同事物上發現笑點，包括她自己。舉例來說，我們常摸不清楚周圍的新奇產品是做什麼用的。有一次，媽媽把我的香水當作口氣芳香噴霧，拿起來就往嘴裡噴。等她終於停止咳嗽、不再罵我之後，開始噗嗤大笑。我們兩個笑到停不下來，笑到噴淚。

開始新生活不久的某個晚上，我一醒來聽到我媽在咯咯笑。

「媽，怎麼了？」我問她：「什麼事那麼好笑？」

「是冰箱，研美！」她說：「我剛聽到它自己啟動了。」

21 求知若渴

我的第一個目標是多認識一些真正的南韓人。目前為止，我們遇到的人都是脫北者、南韓探員，還有受過特訓的工作人員。我也很想多學一點電腦，所以我決定去公寓附近的商店看看，我發現那裡有一間上網的店。一般網咖誰都能進去，這間店比較像私人俱樂部，按時付費就能在裡頭打電動、上網跟朋友聊天。我把頭髮綁成馬尾，打扮得整整齊齊才走下山丘。

那間店位在二樓，從一道骯髒的樓梯走上去就到了。那裡給我的感覺很複雜，店裡有七彩的燈光，一排排閃亮的電腦，後面坐著神情恍惚的年輕男人。

我鼓起勇氣推開玻璃門，櫃台的中年男子抬頭看我走進去。

「我想要用電腦……」我說。

一聽到我的口音，他就知道我不是南韓人。

「我們這裡不接待外國人。」他說。

「喔，我是北韓來的，但現在是南韓公民了。」我大受震撼，感覺到眼淚在眼眶裡打轉。

「不，妳是外國人。」他說：「這裡禁止外國人進入。」

我轉身跑下樓，一路跑回公寓，感覺傷心透頂。

隔天，我只想蒙著被子窩在床上，但媽媽要我換上衣服。已經九月初了，新的學期開始，我該去學校註冊了。

我的學力測驗把我編入南韓八歲小孩的年級，但我的年紀幾乎是他們的兩倍大，難免顯得格格不入。所以如果我想上公立學校，就得上當地的中學。我也可以選擇專門給脫北者讀的私立學校，但我想要盡快融入南韓的生活。

那所中學是一棟現代的磚樓建築，上面掛著恭賀該校學生贏得學業和體育競賽的布條。媽媽陪我去見校長，他對我說的第一件事就是要趕上大家有多困難。「幾年前也有一個北韓男生來讀我們學校，」他說：「但他一直跟不上大家，後來就放棄了。」他意味深長地看我一眼，彷彿在對我說，我也一樣希望渺茫。

「而且我們學校的制服很貴。」校長又說：「我們得幫妳找件二手制服，再請妳母親修改一下。」

之後我被帶去見新同學。所有女同學都穿著光鮮亮麗的制服，只有我穿的是社工給我的舊制服。我試著跟幾位同學攀談，但她們看看我就走掉了。後來，我聽到有些女生在說我的事，也不管我會不會聽到。

「那個像動物的傢伙在這裡幹嘛？」有個人問。

「她的口音是怎樣？」另一個人問：「她是間諜嗎？」

放學後，我跟媽媽一起走回家，之後再也沒回去。

那件事過後，我變得很怕人，一步也不肯離開公寓。只要走出門就冷汗直冒，心臟狂跳，感覺好像快死掉。只有深夜出門，我才覺得自在，因為那時街上都沒人。媽媽會陪我走到附近小孩玩的小小遊樂場，我會坐在鞦韆上前後搖晃，一邊聽媽媽說她今天發生的事，或是聽她唱老歌。

「妳要有自信一點，研美。」她說：「為什麼這麼怕別人看妳？」

我不知道該怎麼跟她解釋。

在家裡躲了一個月之後，我知道我非強迫自己走出去不可。即使很多南韓人覺得我沒有未來，即使他們認為我又笨、又落後、又不可信，我還是要證明給他們看。我一定要想辦法證明給他們看。第一步就是去上學。

爸爸死前跟我說過他的遺憾。他一直希望我繼續念書，拿到好成績。他知道我想上大學，甚至像我們的很多親戚一樣當上醫生。但是自從他被捕之後，那成了遙不可及的夢想，但現在我可以實現他的願望了！

我在統一院學到的很多東西，在實際生活中根本派不上用場。但有一句我一再聽到的話，深深鼓舞了我：「在民主社會裡，只要努力，就會有收穫。」一開始我不相信。在北韓不是這樣的，除非你出身成分好、人脈廣，不然再努力也沒用。但我知道我可以努力，只要想到努力就有收穫，我便充滿了幹勁。當時我還不知道「公平」這兩個字，也不懂這個概念，但總覺得這是對的事情。我必須立刻開始往目標邁進；時間寶貴，不能再浪費了。

二〇〇九年十一月，我進入天國夢想學校（Heavenly Dream School）就讀，這是一所專收北韓年輕學子的基督教寄宿學校，校址在不遠的天安市。南韓給脫北者讀的特殊學校幾乎都是由基督教徒經營，而且選擇不多。這所學校是離我們最近的一所。

我有很多進度得追趕。我的目標是在同齡學生從學校畢業時，拿到國、高中的同等學力，然後去上大學。天國夢想學校大約有十五名青少年（人數上上下下），有些是我在統一院就認識的女生，而我不是那種很受歡迎的學生。我下定決心要擺脫身上任何會洩漏我是脫北者的痕跡，所以跟人說話時，我都練習用南韓口音說話。那裡的女生覺得我很奇怪，跟大家又疏離。老師說我不夠「坦白」。我對於花時間讀聖經、上教堂沒興趣，但其他人都把那當作重要的事。我在學校想做的事只有讀書。我渴望學習，稍微分心都無法忍受。我在學校的綽號是「學習機器」。

大多數時間，我都在自己的房間念書。以前在北韓看故事書的樂趣重回腦海，只是現在能看的，不再只有金日成和金正日的冒險故事。

這段時間，媽媽很慶幸我去上了寄宿學校，這樣就有人保護我，照顧我的三餐，因為她打算去中國一趟。

我們才離開統一院沒多久，我媽跟中國的幾名掮客聯繫上。他們派了一個女人回惠山打聽恩美的下落。我們想知道恩美是不是跟我們認識的許多女性一樣，在中國被逮到，以致被遣送回國。但恩美失蹤的兩年半以來，沒人聽過她的消息。

所以我們在中國人口買賣圈放出風聲，懸賞一萬美元打聽恩美的消息。同時間，媽媽還去申請南韓護照。我們剛到牙山的頭幾個月過得很拮据，因為我們把錢省下來拿去找我姐姐。我媽一拿到護照，就訂了飛往中國的班機。

很難想像媽媽要鼓起多大的勇氣才能單獨踏上這段旅程。她幾乎不會說中文，而且從來沒有一個人在中國旅行。即使現在有了南韓公民證，也沒人知道她會不會又被綁架或賣掉，甚至落入北韓間諜的手中，把她抓回北韓處死。儘管如此，她拋開了恐懼，坐上飛往觀光大城大連的飛機（因為機票比較便宜），之後再一個人搭好幾個小時的巴士到瀋陽。

這段期間，她借住在我們以前聊天室老闆明玉的家裡。我們躲躲藏藏的時候，一直不敢跟爸爸那邊住中國東北延邊的親戚聯絡，害怕即使是打個電話都會讓警察找上門。這一次，媽媽透過爸爸的姑姑服務過的銀行找到了他們，但那裡也沒人聽過恩美的消息，我們知道之後很沮喪。

在中國待了二十天後，媽媽回到南韓，極其灰心。我們找不到我姐，但我們相信有一天她會找到我們。況且，我媽這次回來也不是毫無收穫。當初到青島投靠傳教團之前，因為不希望逃亡期間身上攜帶會洩漏身分的東西，我們把家當留在瀋陽某個安全的地方，其中包括一小盒家族照片，那是我們僅有的爸爸、恩美，還有家鄉親人的影像。現在照片跟著媽媽回到南韓，重回我們身邊。

這趟中國之行還有一件好事。過去，明玉一直害怕被捕、被送回北韓凌虐處死而不敢逃亡。但媽媽跟她說南韓有多好，這裡的政府如何幫助我們。「妳看這個！」她拿著護照在朋友面前揮舞。「去那裡就能拿到護照，到哪裡旅行都不用害怕了！妳就自由了！」

那本護照給了明玉冒險逃亡的勇氣。我媽和我打了幾通電話，安排她經由泰國逃到南韓。她在幾個月後出發，終於抵達南韓。

我在天國夢想學校沒有待很久。事實上，我媽十一月底剛從中國回來，我就休學，搬回公寓。我覺得從學校課程學到的東西不夠多，也不喜歡那些額外的宗教活動，而裝出一副信仰虔誠的樣子也讓我很彆扭。此外，那些傳道內容有時會讓我想起青島的那位牧師，以致覺得自己很骯髒又罪孽深重。

一回到家，我整天除了看書還是看書。我吸收書本的知識，就像其他人呼吸氧氣一樣。我看書不只是為了求知或好玩，也是為了生活。我一個月只有三十美金可以花用，扣掉基本開銷，我把剩下的錢都拿去買書。有些是新書，有些是二手書店的舊書。即使肚子餓的時候，書對我來說都比食物來得重要。我到後來才知道公共圖書館的存在，現在想來覺得很難置信，但我們剛到南韓時，確實很像生活白痴。

我從譯成韓文的童書開始看起，接著再看介紹世界國家的圖畫書。我買了有關希臘羅馬神話和世界歷史的書，還讀了林肯、羅斯福、希拉蕊的傳記。我對美國很感興趣，也特別愛讀傳記，因為裡面都是人們如何克服難關或偏見、最後出人頭地的故事。這讓我覺得，即使沒人相信我，甚至連自己都不相信自己，還是能克服困難。

我把十二年的教育塞進接下來十八個月的生活裡。我報名其他幾所特殊學校，幫助我拿到國、高中的同等學力。即使是那時候，自己進修對我還是最有效率。我向自己發誓，一年要讀一百本書，後來真的辦到了。

我藉由讀書填滿自己的腦袋，將過去的悲慘回憶擋在門外。但我發現書讀得愈多，思想就愈深，眼界也更寬，連情感都不再那麼淺薄。南韓的字彙比我過去知道的字彙豐富很多，當你有更豐富的字彙形容這個世界的時候，思考複雜事物的能力也會跟著提高。在北韓，政府不希望你思考，也痛恨細微的差別，所有東西非黑即白，沒有灰色地帶。例如，在北韓你唯一能描述的「愛」是對領袖的愛。我們在偷渡進來的節目和影片上聽過「愛」的各種用法，但在北韓的日常生活中卻用不到，不管是對家人、朋友、丈夫或妻子都一樣。但南韓有各種表達愛的方法，有對父母的、朋友的、大自然的、上帝的、動物的，當然還有對情人的愛。

之前在國情院等待移送統一院期間，有時他們會帶外面的人來請我們填問卷、做訪談。有個女人跟我聊到「愛」的話題。她說如果你對植物說「我愛你」，植物會長得更健康。也就是說，讓你關心的人知道你對他們的愛，是一件重要的事。她鼓勵我們當場對坐在旁邊的人說「我愛你」。那對我來說，是很奇怪的一項練習，但那次之後，我才知道原來還有方式，可以表達對朋友，甚至植物或動物的愛。所有東西都不是與生俱來的，需要透過學習才能內化，即使是基本的人類情感也不例外。

我漸漸發現，除非有種語言在腦中發展茁壯，不然人無法真正的學習和成長。我彷彿真的感覺到腦袋逐漸甦醒，過去漆黑荒蕪的地方如今出現了新的路徑。經由閱讀，我學會了活著的意義，以及身為人的價值。

我讀了《麥田捕手》、《蒼蠅王》、托爾斯泰的短篇小說這類的文學經典，而且深深愛上了莎士比亞。不過，喬治．歐威爾的《動物農莊》才是我真正的轉捩點。那像是在一片沙漠中發現了鑽石。我總覺得歐威爾好像知道我從哪裡來、經歷過哪些事。他筆下的動物農莊其實就是北韓，而他描寫的就是我在北韓的生活。我在那些動物身上看到了我的家人，包括我外婆、媽媽、爸爸，還有我自己，那些腦袋空空、新來的豬就是我。把北韓的恐怖統治濃縮成一則簡單的寓言，解除了北韓對我的箝制，也讓我獲得自由。

住在統一院時，已經在南韓闖出一片天的脫北者有時會來跟我們分享經驗。其中有個人教了我們一個跟南韓人做朋友的小祕訣：弄清楚時下最熱門的電視節目和當紅明星，當作跟南韓人聊天的話題。所以連看電視、電影對我都成了一種學習。我把演員姓名和電影電視情節背下來，抄下所有歌唱團體的團名，還聽了很多流行歌，並且記下七〇、八〇和九〇年代的熱門歌曲。

除此之外，我還讀了社會名流的報導，記住他們的八卦緋聞和身家背景，這樣聊起天來才像土生土長的南韓人。那些名人的婚禮和名牌禮服讓我大開眼界。我不知道什麼是「設計師」，但現在學校有電腦教室可以讓我上網查詢。「名流」的概念對我來說很陌生。南韓的俊男美女受到如同北韓領袖一般的仰慕崇拜，不同的是，在南韓你可以選擇自己崇拜的偶像。

我的北韓口音漸漸消失，我說話愈來愈像道地的首爾人。我也學會了怎麼打扮、用餐、像南韓人那樣聊天。如果有不認識的人問我是哪裡人，我只會回答「牙山」，讓他們相信自己想相信的。我盡可能跟過去拉開距離，從不跟之前在中國認識的人聯絡。媽媽跟後來也到南韓定居的善禧和明玉經常往來，但我沒有。我想跟過去一刀兩斷，那段過去對我來說已經愈來愈不真實，像一個模糊的夢境。

媽媽說我整天關在家裡讀書很不健康。她鼓勵我回寄宿學校上學，所以二〇一〇年春天，我又進入另一間專收脫北者的基督教學校，在那裡拿到中學同等學力，之後再轉去天國夢想學校的首爾校區，完成高中學業。我還是不喜歡上課，大多數時候都自己念書，但考試成績還不錯。

二〇一一年四月，我跟媽媽來南韓才兩年，我就通過了高中同等學力的考試。那對我來說是一大肯定。我想起之前那些不看好我的人：青島的牧師、質問我的探員、打發我走的校長，還有跟我說這一天遙不可及的很多老師。他們對我能力的質疑反而激勵了我。拿到同等學力也證明了一件事：我的人生也有公平的一天。努力果然會有收穫。

我媽不敢相信昔日惠山那個學習遲緩的孩子，竟然拿到了高中同等學力。但她提醒我，北韓人都說：「小孩聰不聰明，要長大才知道。」她不是那種會到處張揚她有多以我為榮的媽媽，但我看得出來她很高興。

我媽在適應南韓生活的過程中，也有自己要面對的考驗。她做過不少剛來南韓的脫北者常做的幫傭工作。她到一家簡餐咖啡館洗碗打掃時，認識了一個在附近澡堂工作的男人。後來他們開始約會，他幫她在澡堂找了一份賣零嘴的差事。不幸的是，他是個有嚴重暴力傾向的男人。我原本不知道情況有多嚴重，直到有一晚，我在首爾的天國夢想學校接到牙山醫院打來的電話。

「妳媽媽受傷了，」護士說：「妳得過來接她。」

我穿上衣服跑去搭地鐵，坐早上約五點第一班開往牙山的火車，趕回我們住的公寓。到了之後，我看到走廊上血跡斑斑，我們公寓也有一大攤血。鄰居跟我說他們人吵了一架。我媽的男朋友拿一只厚重的金屬鍋打她的頭，她昏了過去，他也不管她的死活就跑了。鄰居打電話報警，警察才把她送到醫院。

我可憐的媽媽模樣悽慘，全身包滿繃帶，還有嚴重的腦震盪。我在家裡清理血跡時，她自己辦了出院，因為我們付不起醫藥費。我們沒錢叫車，坐公車又會害她噁心想吐，她便自己走路回家。看她走進門時那麼憔悴，連路都走不穩，我心都碎了。即使到了南韓，生活對我們還是很不容易。

我媽從頭到尾沒對男朋友提告。警察偵訊過他，也想起訴他，但善良的媽媽原諒了他，要警察放了他。我知道自從跟北韓警察周旋過後，她無論如何都不願意讓人經歷那種折磨——即使那個人差點殺了她。她不知道南韓警察有另一套做事方法。

那次之後，媽媽試著要跟男朋友分手，但對方偷偷跟蹤她，三不五時跑到公寓來威脅她。兩個月後她放棄抵抗，又跟他重修舊好。但他有暴力傾向，還是繼續打她。有時我會收到她的簡訊：「如果我今天晚上死掉，凶手就是他。」

我媽吃了那麼多苦才得到自由，好不容易到了南韓，卻要活在恐懼之中。想到這裡，我簡直快發瘋。但是她拒絕提告，連警察也保護不了她。

一定有更好的方法才對。如果警察不能保護她，那麼就由我來吧。我可以去讀法律，當上警察，甚至檢察官。在北韓，警察是拿走你的錢、把你抓進監獄的人。在中國，每次看到穿制服的人我就害怕不已，因為那裡的警察會當場逮捕我。我從小到大未曾受過警察的保護，但是在南韓，保護人民是警察的責任之一。於是，我選擇投身我最害怕的一種人，加入他們的行列。

查過一些資料後，我發現首爾的東國大學有南韓數一數二的警察行政學系。我決定去申請那所大學。

22 上電視

東國大學坐落在首爾市中的陡峭山坡上，可以從四面八方俯瞰這座城市和南山公園的森林。這所大學於一九〇六年由佛教徒所創，不過收的學生不限任何宗教信仰，校訓「攝心、信實、慈愛、度世」反映了這所大學的佛教淵源。

這些聽起來是我可以接受的信條，尤其是最後一項。獲得自由之後的頭兩年，我把時間都用來打開自己的腦袋、接收這世界的各種可能。現在我安全了，但我無法不去想自己的親朋好友、還有其他人仍在受苦，而我姐姐依舊下落不明。我能活著逃出來，享受他們無法享受的自由，我想一定有它的理由。但我還不知道該如何清楚表達這個想法。

目前我更迫切的任務是申請上這所有名的大學。脫北者的學費一半由政府支付，一半由校方資助（但成績要達到一定的標準），所以學費對我不是問題。但我知道，光是我不尋常的求學背景就是一個問題。我跟其他脫北者雖然可以不去考南韓有名的長達八小時的大學修學能力試驗，但我還是得通過其他嚴格的考試，口試也包括在內。訂於二〇一一年初夏的口試，就是決定我能不能進入這所大學就讀的關鍵。

那天我緊張得不得了，早上五點就到校園，坐在長凳上吹冷風等待口試。校園中庭的盡頭有尊大佛像，我進去口試之前，特別到佛像面前祈禱。

投靠中國青島的傳教團那段期間，我皈依了基督教，但我不排斥其他宗教信仰。從小除了對領袖的崇拜，我沒有其他宗教信仰，我的心靈仍在尋求可以依靠的地方。儘管有種種反證，我仍然相信有股仁慈的力量在指引著這個世界，一個推著我們往善而非惡的方向走的慈愛力量。我相信耶穌是那個力量之一，佛陀也是，還有我們在絕望困頓時呼喚的神靈都是。爸爸也在那裡給我力量。所以當我站在佛像面前，雙手合十放在胸前對爸爸說話，請他指引我。我還是覺得跟他有強烈的感應，只要我呼喚他，他就會帶給我力量。那天早上，我深刻感覺到他的存在。

我很明顯還沒準備好進入大學就讀，面談的教授也看得出來。我必須說服他們我有留下來的價值。

「大家好，我叫作朴研美，出生在北韓的惠山市，不久之前才來到南韓，教育程度幾乎是零，但這兩年我進步了很多。我可以保證，如果你們願意相信我的能力，我絕對不會讓你們失望。」

我對自己的自信感到驚訝，教授們看起來也是。

「目前為止妳都表現得很好。」一名教授說：「不過，妳受過的正規教育很少，也沒學過英文，但我們學校要有英文成績才能畢業。」

另一名教授說：「我們都知道北韓學生上了大學多半會半途而廢，妳怎麼向我們保證妳不會？」

我抬起頭，看著他們說：「沒錯，我的程度沒有其他人好，但我可以向他們學習。更重要的是，這些學生在學校上課的時候，我正在社會上學習，所以我有他們沒有的東西。如果你們願意給我機會，我可以向你們證明我的能力，讓學校以我為榮。」

八月時，我上網查錄取通知，發現我考上了東國大學的刑事司法學系。

我摀住臉哭了出來。終於有人願意相信我了！

南韓學校的新學期從三月初開始，所以上大學之前，我有七個月的假期。因為還沒有正式從首爾的天國夢想學校畢業，我繼續留在宿舍上課，一邊為上大學做準備。除此之外，我也到兩元商店兼差打工，還到一家高級飯店的婚宴廳幫忙布置、收盤子。我不認為對方如果聽出或看出我是北韓人會雇用我，所以我都讓他們以為我是首爾人。

我已經準備好忘掉過去，以南韓大學生這個嶄新的身分重新開始。但二〇一一年年底，我接到南韓教育放送公社（ＥＢＳ）某個電視節目製作人的電話。他想訪問脫北者，並經由統一院的某個人聽說了我。我答應跟他見面，也跟他說了我橫越沙漠逃亡的過程，還有我正在尋找消失在中國的姐姐。談完之後，他說他正在找口齒清晰、志向遠大的年輕脫北者來上他的節目，不知道我有沒有興趣？

我突然慌了手腳，立刻拒絕了他。

「但那是一個有影響力的節目，全世界都能看到。」他停了一下又說：「或許能幫妳找到姐姐。」

我從沒想過這個可能。南韓的電視節目在中國各地都可以透過網路收看。如果我在電視上說出恩美的故事，說不定她會看到電視，然後想辦法聯絡我們，讓我們幫她逃出來。

另一方面，公開身分對我也是一大風險。很多過去認識我們的女人現在也到了南韓，她們知道我在中國為了生活做過什麼事。如果她們出面揭發我，我的法律或司法生涯夢就會化為烏有。

我跟媽媽討論了這件事。最後我們決定，如果有機會找到恩美，冒多大的險都值得。

我花了兩天錄影。多半是拍我跟另一名年紀較大的脫北者在海邊或遊樂園散步，邊走邊談我這一代北韓人（已經接觸到外國的影片）和她那一代北韓人（跟我們有不一樣的思維）之間的代溝。後來，他們帶我們到一所脫北者經營的手風琴學校，拍了我聆聽他們拉手風琴、唱故鄉老歌的畫面。一股巨大的悲傷湧上心頭，我在鏡頭前淚流不止。我跟他們說，小時候在惠山，恩美也會拉手風琴，但我們已經五年沒見面，我很想念她。

這集節目在二〇一二年一月播出。每次有陌生的電話號碼響起，我就會跳起來，希望那是恩美從中國捎來的訊息。但好幾天過去了，還是令人失望不已。

我從二〇一二年三月開始東國大學的課程。這所大學就像攤開在我面前的知識盛宴，我狼吞虎嚥，就怕自己速度不夠快。第一年，我修了英文文法和會話、犯罪學、世界史、中國文化、韓國史和美國史、社會學、全球化、冷戰等課程。我自己還拜讀了西方偉大哲學家的著作，例如蘇格拉格和尼采。所有的一切對我都很新奇。

我終於能夠思考「吃飽」和「活命」以外的事，也因此覺得自己更像一個完整的人。我從來不知道知識能帶來快樂。小時候，我的夢想是有一大桶麵包可以吃，現在我開始懷抱更遠大的夢想。

然而，大學生活某些比較實際的層面卻讓我碰壁。第一堂課，教授要我們分組上台報告。找到組員之後，我必須承認我不知道什麼是上台報告，也不知道自己要做什麼。有人負責電腦排版和設計，其他組員要我負責「找資料」。我不確定那是什麼意思。目前為止我多半是自學，我發現我得盡快學會用電腦和找資料，不然一定跟不上大家。所以，除了上課的作業以外，我也上網自學電腦的基本用法。

我在學校附近租了一間地下室的小公寓，但是我在公寓裡的時間很少。學期間，我幾乎以大學裡的現代圖書館為家，那是一棟玻璃帷幕建築，有一排排吸引人的書和高速網路。那裡成了我的遊樂場、我的飯廳，有時還是我的臥房。我最喜歡晚上的圖書館，因為比較少會讓我分心的學生。想休息的時候，我會散步到外面的小花園，坐在那裡的長椅上就可以俯瞰這座城市。我常去販賣機投錢買一小杯咖啡，坐在那裡望著首爾都會區的燈海。有時我會想，這個地方怎麼會有那麼多燈光，而這裡以北才三十五哩外的地方，一整個國家卻籠罩在黑暗中。即使是凌晨，這城市仍然充滿活力，到處可見閃亮的號誌、閃爍的電塔、繁忙的車流，流動的車燈就像血管裡輸送的鮮豔血球。一切都緊密相連，同時又如此疏離。我會想：這裡有我的立足之地嗎？我是北韓人還是南韓人？還是兩個都不是？

諷刺的是，對我來說，最困難的一堂課是「瞭解北韓」。這是我第一次那麼詳細地去認識我出生地的政治經濟體制。我費了很大的力氣，才沒在課堂上讓下巴掉下來，更難以相信大飢荒之前，北韓的配給制度曾經**每天**發給多數人七百克的穀物。我小的時候，全家人一個禮拜能買到那麼多就要偷笑了！這堂課教我們，偉大的領袖金日成殺害或肅清了多達一百六十萬人。我震驚無比，覺得難以相信，儘管如今我不再相信金正日可以用念力控制天氣，頭腦也不再像以前那麼單純。

上課時，我經常坐在第一排寫筆記、問問題，卻從沒跟這堂課的教授說過話。我也從來沒告訴過他，我是從北韓來的。

我猜得沒錯，東國大學幾乎沒人看過我上電視坦承自己是脫北者的那集節目，我也從來不會主動說出自己的來歷。系上同學知道我的背景，但外系生就不知道了，我也有很多朋友不知道我是北韓人。只要我放棄尋找恩美，或許可以繼續過著這種假裝成另一個人的生活，但這是不可能的事。

EBS的節目播出不久，我接到另一位製作人的電話。她正在製作一齣名為《現在去見你》的有線電視節目，想邀請我上節目。

當時，這是一個談話兼才藝表演的節目，輪流邀請年輕漂亮的女生上節目唱歌、跳舞、演搞笑短劇、跟名人對談。和其他節目不同的是，所有來賓都是脫北者（後來加進了男性和年紀較大的女性）。目的是增進一般人對脫北者的認識，打破大家對北韓人古板、冷酷又無趣的刻板印象。節目上會取笑北韓的某些生活層面，還有脫北者對南韓的偏見。但因為主事者是電視台的娛樂部門，而非教育部門，所以語調輕鬆又戲謔，就跟色彩繽紛的攝影棚一樣。許多玩笑都很愚蠢，訪談也經過大量剪接，但那也是它的魅力之一。

《現在去見你》很快在南韓有了廣大的觀眾。這些人原本對北韓的認識少得可憐，但根據調查，看了這個節目之後，觀眾對脫北者的觀感比過去更正面。節目最後，往往會讓一名來賓對仍在家鄉的家人朋友說話。這是最感人、最催淚的一段，常讓台上那些滿臉堆笑的漂亮女人黯然心碎。

一開始我很抗拒上節目。我還是期待ＥＢＳ的節目會捎來恩美的消息，但幾個禮拜、幾個月過去，我知道我必須站上更大的舞台，才能讓姐姐看到我，而《現在去見你》似乎是最佳的選擇。我還是擔心過去認識我的人會在電視上認出我，但我不去想這種可能，硬著頭皮接下節目。這好像一直是我的強項。

第一次到攝影棚的時候，我請製作單位隱藏我的真實姓名，心想這樣一來可以保護我在北韓的親戚，二來也可以維護我的隱私。

製作人問了我的家庭背景，我跟他們說我們家的經濟狀況時好時壞，但我們發達過一段日子。我說以前我在北韓可以看影片，玩任天堂，而且我爸曾經是黨員，我甚至去過平壤。製作人和編劇訪問的其他女人（那時候節目才錄到第三集）多半來自北方省份的赤貧家庭，每個人都挨過餓、吃過苦。對他們來說，我們家的生活十分優渥，他們正需要這樣的人作為對照。

因為我已經很久沒想起過去吃的苦，自然就沒有詳細交代爸爸被捕後的生活，還有我跟姐姐守在惠山冰冷的家中，沒東西吃，沒燈光照亮陰森黑夜的往事。我也沒必要說出跟姐姐在山裡漫步、摘葉子、烤蜻蜓來填肚子，還有我們走路去上學、盡量不去看路上屍體的事，更不可能提在中國的遭遇。

準備好正式錄影時，我就變成了養尊處優的北韓大小姐藝珠，晃著女學生綁的馬尾，穿上洋裝和高跟鞋，讓化妝師把我改造成北韓的灰姑娘。我輕鬆學會了唱歌跳舞，也很高興能跟名人聊他們感興趣的話題，只希望我的聲音能夠一路飄送到中國。

上過一集節目之後，製作人再次邀請我，有陣子我成了節目上的常客。

每次錄影之前，製作人和編劇會用電子郵件寄給所有來賓當集主題的問題。到了錄影棚，我們會念一遍根據我們給的答案寫成的劇本。有一集我被冠上「北韓的芭黎絲・希爾頓」的稱號。我還得上網查，才知道誰是芭黎絲．希爾頓。後來媽媽也去上節目，他們放了幾張我們的家族照，有張照片中，她打扮得很時髦。「其實我媽才是芭黎絲．希爾頓，」我說：「她住在北韓時，甚至拿過香奈兒的手提包！」我當然沒說那些手提包是中國的二手仿冒品，也沒說我們的富裕生活其實沒撐太久。但我跟媽媽都努力說出我們認為觀眾想聽的答案。那就像是我為了討好老師，也說我最喜歡的顏色是粉紅色一樣。

儘管如此，跟節目上的一些女人比起來，我們確實過過好日子。即使是最窮困的時候，我們都比在火車站上跟人要剩菜剩飯、從沒用過肥皂或吃過肉的流浪兒好。攝影棚裡的一些人經歷過活生生的夢魘，甚至更慘。不知道是因為我還不願意相信金氏王朝的殘酷邪惡，或是不想承認自己是北韓人，有時我會覺得一起錄影的這些「姐妹」誇大了她們受過的苦。

「她覺得其他人在說謊。」我媽在其中一集節目中跟主持人這麼說，至今那一集仍在我腦中揮之不去。「有時研美錄完影會問我：『我真的是北韓人嗎？』有時候我聽不懂其他姐妹說的話。」

我們都困在自己的角色裡。但媽媽說得沒錯，我確實不瞭解別人受了多少苦，而上這個節目改變了我，因為我「看清了更多北韓的真相」。

後來我開始認真傾聽其他女人訴說的故事。她們的故事讓我在大學裡學到的東西更具說服力。她們就像上台作證的證人，一個一個控訴了把我們視如糞土的冷酷政權。每一個人的故事都喚醒我更多的記憶，更加堅定了我的決心。應該長生不死的金正日在二〇一一年過世，他的小兒子，也就是身材肥短的金正恩繼承了父親的獨裁政權。我曾經像神一樣崇拜的金氏父子的種種惡行攤在全世界眼前，他們理應接受法律的制裁。

可惜的是，上了南韓的熱門節目也沒能幫我找到姐姐。我流著眼淚在節目最後對恩美喊話，求她如果聽到，無論在哪裡，一定要跟我們聯絡，但還是毫無下文。

23 奇異恩典

回想起來，以為自己可以一面以脫北者的身分上熱門電視節目，一面以南韓大學生的身分如常過活，未免太過天真。我去錄影時都用假名，還會化妝，以為不會有人認出我。但我在東國大學的教授和朋友後來都認出節目上的人是我，有些人很驚訝也很失望我沒對他們坦承自己的身分。老實說，我對我是誰、我希望自己是誰的問題仍然很疑惑。有時我走在路上會被人認出來，這通常會嚇到我，直到發現對方是粉絲，而不是北韓間諜或我過去認識的人，才會恢復鎮定。

沒過多久，上課、錄影、上網自學的三重壓力漸漸讓我喘不過氣。我忙到沒時間睡覺，也常忘了吃飯。東國大學的刑事司法系除了修課，還有體能和軍事訓練。學期剛開始時，我幾乎每天都要跑步和運動。我的體重掉到三十六公斤以下，而且經常頭暈。由於身體負荷不了，我不得不暫停訓練。但我的體重還是一直掉，期末考時我昏了過去，被送進急診室。醫生說我壓力過大又營養不良。這樣下去，我真的會把自己累死。

因為必須放棄體能訓練，我能選擇的執法種類可能因此受限，但我想我應該可以繼續讀法律。愈瞭解司法體制，我對它的興趣愈濃厚。然而，無論我選擇什麼科系，顯然都要具備英文能力，但我進步得實在太慢。所以七、八月暑假期間，我報名了在菲律賓宿霧島舉辦的英語夏季研習營。

我把上節目的通告費省下來當作旅費，所以這趟旅行是我有生以來第一次送給自己的禮物。一開始我有點遲疑，但有一些朋友鼓勵我去。能出去看看這世界又能學習，讓我非常興奮。不過，營隊裡都是南韓人，我練習英語的機會不多。我交了許多朋友，他們都以為我是南韓人。我吃了很多芒果，坐在淺灘上看著鮮豔的熱帶魚在腳趾間游來游去。我還是不會游泳，但有時我的新朋友會揹著我涉進深水，就像小時候，姐姐在鴨綠江揹著我下水一樣。

我開始想，我們姐妹會不會這輩子再也見不到面。

大學第一學期的成績公布在網路上。我在本科系的九十名學生中排名三十二名，出乎大家的意料，包括我自己，因為刑事司法系是全校要求最嚴格的科系。隔年我的成績持續進步，到了二〇一三年春天，我已經爬到班上的第十四名。我的成績不只向校方證明脫北者也可以跟南韓人競爭，也向我自己證明我辦得到。我終於擺脫了種種限制，面向無限寬廣的生命。

二〇一三年的夏天，我決定暫時放下學業和錄影，讓自己放個假。對於恩美的事，我跟媽媽只能聽天由命，但我們仍然抱著她還活著的希望。我媽有了新的交往對象，對方人很好，也有自己的承包事業。媽媽總算擺脫了之前那個暴力男友。現在她過得比以前開心，生活也穩定多了，我也比較放心離家好幾個月。

我讀了美國民權鬥士的傳記，包括金恩博士和羅莎．帕克斯，以及那些冒著生命危險為其他人爭取自由的人。我深受這些故事吸引，那種「化小我為大我，才能活出生命意義」的精神也引起我的共鳴。但媽媽早就體認到這個事實。她常跟我說，為別人付出才會快樂，無論你多窮困都一樣。她也認為，如果有東西能夠付出，就表示自己的生命還有價值。除了為家人所做的犧牲，我到目前為止都活得非常自私。如今，與其專注於自己的需求，把每分每秒都用來提升自己，或許我應該讓自己變成有益於他人的人。

我還在首爾的天國夢想學校就讀時，青年使命團（來自德州泰勒市的基督教青年團體）曾到我們學校講道，提到一個為期五個月的訪貧志工團（包括十二週在德州進行的聖經研讀課）。這份工作似乎是我報答當年冒著危險幫助我們逃到蒙古的青島傳教團的一個方法。即使我沒錢，英文又不好，也能藉這次機會去美國，看看這世界。我仍然不算虔誠的基督徒，但我期待跟這個獻身宗教的青年團體一起工作，自我挑戰。

當飛機在休士頓的喬治布希洲際機場觸地降落時，我有點噁心想吐，但這次不是因為暈機，而是因為我來到了敵人的領土！大家排隊下飛機時，我腦袋裡都是大鼻子美國大兵拿刺刀刺向北韓無助母親的影像。童年的宣傳畫面仍盤據在我的腦海，我從小被灌輸的情感仍會無預警地跳出來。我來看這個邪惡國家的人民幹什麼？但環顧一眼機場，我的恐懼消失無蹤。周圍有牽著小孩的父母、吃著薯條的路人、一群群穿著球衫的青少年。我跟他們唯一的不同，就是說著相異的語言。我很訝異，謊言在真相面前竟然那麼快就失去了力量。不到幾分鐘，我深信多年的謊言就這樣徹底破滅。

我轉機飛往泰勒，那是位於達拉斯東南方約一百哩的小城市。整座機場看起來跟仁川機場的候機室差不多大，我不禁想，**這是美國嗎？我還以為美國很大**。有名南韓傳教士來接我，開車載我橫越綿延不絕的田地。後來我們開進青年使命團的校園大門（這裡本來是一座牧場），再繼續往前開。我漸漸覺得美國果然很大。一個多小時後，我跟一群學生一起到附近的沃爾瑪超市買食物，更加覺得美國大得驚人。那是我逛過最豪華的商店，而且大到不可思議，店裡的商品也好大。我抓起一大桶上面印著慈祥老奶奶的藍色包裝燕麥片。我一定要試試看一些橘色的起司通心麵，以前我從沒吃過，而且用微波爐加熱就能吃了，真好玩！我買了一袋幾乎跟我一樣大的玉米片，還買了工作服和一雙以前我絕對想不到自己買得起的愛迪達球鞋。

目前為止，我對美國留下了深刻的印象。

回到牧場，數十名來自美國各州和世界各地（如泰國和南美）的年輕人，因為不同的課程聚在一起，包括我參加的門徒訓練課程。我們在這裡「向上帝、向世界、向彼此學習」。我常跟另一個年輕的脫北者和幾位南韓傳教士在一起，所以說話對象很多，只可惜很少用到英語。但一有機會跟美國人聊天，我就會練習。我發現我真正應該學的是西班牙文，因為初級訓練結束後，我們一行約二十人要前往哥斯大黎加執行兩個月的任務。

我們先坐飛機到哥國的首都聖荷西，再搭巴士到沿岸的捕魚小鎮戈爾菲托。我們的團體是一個慈善傳教團，除了傳福音，也提供需要的人實際的幫助。我們會去照顧妓女和毒癮患者，還有撿垃圾、打掃貧民窟，工作進行得還算順利。當時正值夏末的雨季，晚上幾乎跟白天一樣熱，有些人直接睡在牧師家的陽台上，到了星期天，牧師家成了教堂。我們睡在睡袋上（通常因為流太多汗弄得濕答答），雖然有蚊帳，但我第一次被蚊子咬得那麼慘，兩條腿紅腫發炎，難受得要命，我還興起放棄回家的念頭。

但後來發生一件神奇的事。我發現自己儘管難受，卻不再為自己祈禱，反而第一次開始為別人祈禱。這讓我體會到自己來這裡的目的。

這種感覺在我心裡一點一點長大。我讀了一本充滿力量的書，書名是《雨啊，請你到非洲！》，作者是著名的韓國女演員金惠子，也是人道主義者，她曾在一九九〇年代走訪衣索比亞的飢民營，後來更成為世界展望會的親善大使。她走訪非洲、印度和其他國家的紀錄，打開了我的眼界，也教了我慈悲的意義。

還沒讀過她的書以前，我以為北韓是世界上唯一還在受苦的國家。即使有很多脫北者公開談論北韓的飢荒和殘暴政權，卻只有少數女人承認自己曾被強暴或買賣，小孩更不用說了，這種事拿出來說太不堪。所以我以為我是唯一有過這種恐怖經歷的人。但現在我從書上得知，世界各地都有女人或小孩遭遇類似的苦難，我並不孤單。我也因此發現，過去的我眼裡只看得到自己的痛苦。然而，我還是不知道要怎麼為他人的痛苦發聲。根據我的瞭解，這種事根本不可能，因為從來沒有陌生人為我發聲。

我之所以選擇青年使命團，是因為我知道他們服務的是最貧困、最常被遺忘的社群。但我來了才發現我不是為其他人而來，我是為自己而來的。那些無家可歸的哥國男女或許以為我是為了他們才來舀飯、撿垃圾，其實我這麼做是為了自己。

藉由幫助別人，我才發現原來我一直有慈悲之心，只是我不知道也不會表達。我學到一件事：如果我能同情別人，或許我也可以學會同情自己。我心裡的傷痕終於開始癒合。

哥國的任務結束之後，我們飛回美國，繼續前往喬治亞州的亞特蘭大市服務無家可歸的人。

我們服務的遊民收容所在我眼中有如宮殿。遊民在這裡有床還有筆電，甚至有冰箱可以冰汽水，平常也能自由來去。但遊民在那裡並不快樂，也沒有希望，他們覺得自己沒有東西可以回報別人。這令我很吃驚。

我們帶給遊民熱狗，幫他們打掃房間。結束後，我跟一位遊民分為一組聊天。我會的英文還很粗淺，只能靠簡單的字彙和肢體動作跟他說我的故事。他知道我來自一個叫北韓的地方，經歷過一段瘋狂的逃亡之旅。我把自己又餓又怕、被警察追趕的窘境演給他看，當我發著抖做出匍匐前進的動作，說「沙子、沙子、沙子！」的時候，他知道我終於橫越了沙漠。我很驚訝他聽完我的故事竟然哭了。我跟他說，我只想要一個得到自由的機會，就像他在美國這裡一樣。

對方給我的情感回應打開了我的心防，讓我發現自己的故事的力量，也讓我對自己的生命產生了希望。原來光是訴說我的故事，也是一種付出。

那天我還學到另一件事：每個人都有自己要橫越的沙漠。別人的或許跟我的不同，但我們都得橫越沙漠，才能找到此生的意義，得到自由。

我們的活動在十一月結束，團裡有個朋友邀我和另一個北韓男生到她在維吉尼亞州的家過感恩節。崔以莎（Esther Choi）是韓裔美國人，父母約在三十年前從南韓移民到美國。能到她家過節，我覺得很榮幸。我跟他們家很快打成一片。在美國的韓僑因為離家很遠，更珍惜家鄉的古老文化。比起我認識的南韓人，他們更像北韓人，他們甚至還使用我很熟悉的舊字彙。

那是我在美國過的第一個感恩節。我很喜歡因為感恩而一起過節的概念。以莎的母親打算烤一隻大火雞，還要煮一桌韓國菜，包括我最喜歡的韓國泡菜。感恩節前幾天，我跟以莎和她母親一起坐車到她們親戚家的菜園摘白菜。在車上時，我的手機響起。是媽媽從南韓打來的，她聽起來很激動。

「研美！妳姐！我找到妳姐了！」

我的心臟差點跳出來，但我趕緊深吸一口氣。之前曾有幾個人為了拿到獎金，騙我們說在中國找到恩美。如果這次又是騙局，我們的希望又會破滅。

「媽，妳說找到她了是什麼意思？」我問。

「她就在這裡，在南韓的國家情報院，那裡的人打電話告訴我的。」

我高興得叫出聲來，以莎和她媽媽都以為出了什麼事。我跟媽媽在電話裡邊說邊哭，不敢相信、但又希望這是真的。媽媽說明天國情院特別准許她去見恩美一面，也就是我們剛到南韓被拘留的地方。到時候她會帶著手機，讓恩美跟我通話。

我已經將近七年沒見到姐姐或聽到她的聲音，看來我得盡快趕回南韓。我們先開車回家，拿機票到機場改時間。我本來打算再多待幾個月，到美國各地看看，但現在回家對我來說比什麼都重要。

那天晚上我無法入睡，千頭萬緒在腦中奔流，有如潰堤的水壩。這些年來，我為了不讓失去姐姐的痛苦打倒我而築起的高牆，在一夕之間粉碎。突然間，我的感受回來了，無論好的壞的我照單全收。我能做的就是拚命抓住，不讓自己被淹沒。

隔天我什麼都吃不下，在屋裡走來走去好幾個小時。後來電話響起，我終於聽到姐姐的聲音。我心中的重擔終於卸下了，卻不知道該說什麼。

「我很快就會回去見妳了。」一分鐘尷尬的沉默之後，我告訴她。

「好，到時候見。」她用細小的聲音說。

那個聲音裡有我熟悉的東西。那是爸爸從監獄請病假回家之後的聲音，是囚犯的聲音，是怕說錯話受罰而小心翼翼的聲音。那是我自己的聲音，是過去的歲月發出的回音，提醒著我，我們還有多遠的路要走。

我花了將近三天搭飛機、候機、轉機才回到家。通常脫北者要等調查結束才會免除隔離狀態，但國情院的好心探員特別破例，讓我進去見恩美，「確認」她的身分。他們帶我走進一間探訪室，她就在裡面。我以為此生再也見不到的姐姐，跟過去一樣有著細緻的心形臉、一樣的小手，而且是活生生的姐姐。我們還是不知道該說什麼，只是握著對方的手一直哭。我在心裡對爸爸默禱，我想他一定在天上某個地方微笑地看著我們。我們終於找到恩美了。

恩美的故事屬於她自己，而她的隱私應該受到尊重。我只能說，她在中國期間從沒看過我上電視，也不知道我們從北韓逃了出來，而且一直在找她。原來我們曾經離得那麼近卻互不知情，真教人扼腕！如我們所料，我跟媽媽為了找她準備逃出北韓的時候，她跟朋友被藏在惠山郊區某個人口販子的家中。我們都不知道，那天我們只隔著薄薄的一道牆。對照筆記之後我們發現，我跟媽媽在瀋陽工作時，恩美也住在同一省。我們是那麼的近，中間卻彷彿隔著一整個世界。過著東躲西藏的日子，要遇到對方的機會是如此渺茫。

後來，恩美終於發現經由東南亞逃到南韓的路線，她就這樣靠著自己的力量逃出來。結果她根本不需要我們去救她。

恩美從統一院結業後，也搬進我在東國大學附近租的公寓一起住。她找了一份兼差工作，開始準備同等學力的考試，就跟我之前一樣。恩美從小功課就比我好，我想她應該比我更快追上進度，果然沒錯。她在大約三個月內就考到中學同等學力，七個月內就取得高中同等學力。然而，跟我們團聚之後有很長一段時間，恩美看起來封閉又疏遠，好像心裡沒有容得下我或媽媽的空間。那種感覺我們很清楚，所以都願意耐心等待。總有一天，恩美會打開心房，接納我們。

24 回家

韓國人很喜歡新年，一年要慶祝兩次。一次是國曆新年，午夜煙火齊放迎接新的一年；一次是一月底或二月初的農曆新年，更多煙火和慶祝活動再次炒熱過年的氣氛。過年是我們跟家人團聚、反省過去、許下新年新希望的日子。二〇〇七年，我跟媽媽逃出北韓就不再慶祝新年，因為想到那一天只會傷心。但二〇一四年的新年不一樣，恩美回來了，我們對未來充滿了各種計畫。

首先，我想回學校完成學業。起初我選擇刑事司法當主修，是因為想加入警察執法的行列，幫助媽媽擺脫之前的暴力男友。但在大學裡，我的心胸變得更開闊，對司法的認知也更寬廣，現在我想要轉讀法律。我不期待自己一年內就能為沒有發言權、沒有希望的北韓人（過去的我）爭取權利，或站上國際舞台為全球的司法正義發聲，或是成為北韓政府指控的「人權傀儡」。我也從沒想過我會說出自己在中國的遭遇。但我很快會發現，想要真正自由，我得誠實面對自己的過去。

嶄新的一年平靜地拉開序幕，而我今年的新年新希望是加強英文能力。雖然跟傳教團住了好幾個月，我的英語對話能力仍有待加強。於是我報名了首爾的密集英語家教班，他們會幫脫北者跟外籍志工配對，一組一組練習對話。我一口氣申請了十個家教，家教老師會規定我要念哪些東西，內容從莎士比亞到主張廢奴、本身也曾是黑奴的費雷德里克・道格拉斯（Frederick Douglass），無所不包。道格拉斯寫給前主人的大膽信件不禁讓我揣想，如果我有勇氣寫信給金正恩，我會寫出什麼樣的信。或許我會跟道格拉斯一樣，告訴他我是人，不再是他的財產。我是我自己的主人。

沒在念書或上家教的時候，我會聽英語有聲書和TED的演講，即使睡覺時也不例外。我下載了全部十季的美國喜劇影集《六人行》。隨便問我一個關於主角羅斯或瑞秋的問題，我都能答得出來。根據我的家教老師說，我唯一的缺點是美國腔愈來愈重，而且開口閉口都是一九八〇年代的俚語。

二〇一四年三月，東國大學的新學期剛開始，我的英文能力大增，應該能順利拿到警察行政系的學位。偶爾我還是會去錄影，但恩美回來之後，我失去了上節目的動力。而且，我發現另一種可以更直接為北韓人爭取公平正義的方法。

二〇一四年二月中，我受邀到首爾的加拿大楓華國際學校演講，主題是北韓，而且是英文演講。家教中心的主任說，這樣可以增進我對自己外語能力的自信。我不是很確定，但心裡又想，**試試看又何妨**？

我綁起頭髮，穿上海軍藍的正式洋裝，迎接我的第一場正式演講。我對台下學生說了一些我的個人經歷，還有我從小如何被洗腦、剝奪自由，以及活在恐懼和飢餓當中。我跟他們說我是北韓的新世代，也就是過去的經濟制度隨著金日成過世而瓦解的「黑市世代」，而我這一代的年輕人正慢慢為國內帶來改變，或許改變還不夠大，卻足以在我逃出北韓之後，讓我對留在國內的親朋好友和廣大同胞懷抱希望。

演講最後還有一個小時的問答時間。有名學生說我的故事「激勵」（inspire）了他，我很快查了手機才知道這個英文字的意思。在這之前，我不知道故事可以「激勵」一個人，但顯然真的可以。

二〇一四年初之前，大多數人對北韓的印象都來自北韓狂妄的核武威脅，還有髮型可笑、行徑乖張的北韓領導人。但二〇一四年二月，聯合國發表了北韓的人權報告書，指出北韓國內諸如濫殺、強暴、刻意造成飢餓等等侵犯人權的惡行。國際刑事法院第一次威脅要以侵犯人權罪對北韓領導人提起告訴。然而，促成這篇報告的三百多名證人多半匿名，其他人也不一定能清楚說出他們的故事。國際社會突然間亟需一些具備英文能力的脫北者，為至今仍困在沉默和壓抑的高牆後面的數百萬北韓人發聲。

我在加拿大學校的演講為我帶來了更多邀約，也讓我有更多機會上台或接受媒體訪問，邀請我的單位從澳洲到美國都有。同年五月，我跟凱西・拉提格（Casey Lartigue Jr.）在《華盛頓郵報》合寫了一篇文章。那年春天之前，我其實還不太清楚「人權鬥士」扮演的角色，但突然之間，大家都跟我說我成了人權議題的風雲人物。我知道自己不夠資格當誰的發言人，更何況是北韓全體人民。然而，從那時候開始，我的人生就像一列奔馳而去的火車，我想跳車也沒辦法。也許當時的我以為，只要跑得夠快，過去就追不上我。

六月，我飛去洛杉磯參加研討會，隔天就得飛回首爾考期末考，連去參觀好萊塢的時間都沒有，雖然我很希望能遇到李奧納多，告訴他《鐵達尼號》對在北韓長大的我意義有多麼深重。

大約就在這個時候，我接到負責追蹤我和我媽的南韓警探的電話。脫北者抵達南韓的頭五年都會分配到一名警官，負責幫助他們安置。我們的警官通常只想知道我的行程表，看我過得如何，但這一次不一樣。他說他奉命來確認我的安全，因為傳聞北韓政府正在觀察我的一舉一動。他沒有說這個消息從何而來，只提醒我說話要小心一點，不然可能會招來危險。

如果這一切只是為了嚇唬我，對方確實達到了目的。我從沒想過北韓政府會把我看成值得觀察或有威脅性的危險人物。警探也找過我媽，當然也嚇到她了。她要我馬上停止所有捍衛人權的瘋狂活動，質疑我為什麼不能過正常的生活，先完成學業，拯救世界等以後再說？但我愈想愈生氣。我冒著生命危險逃出北韓，結果他們還是想辦法要控制我。如果任憑他們擺布，我永遠不可能真正自由。

上半學期，我在東國大學的成績仍維持中上，我很想好好讀完這個學期。二〇一四年九月我回學校上了幾個星期的課，但計畫永遠趕不上變化。

那年十月我接受了歐洲的幾個邀約，其中之一是代表南韓參加在愛爾蘭都柏林舉辦的年度青年領袖峰會。各國的青年領袖齊聚一堂，就像聯合國。介紹我的人是英國記者及人道主義者周柳建成，他因為擔任中國央視主播而聞名亞洲。會前我們用了一個早上的時間談自己的生活，我跟他細說一些我的經歷。這是我第一次打算在台上談中國人口買賣市場的殘酷，但是我無意揭露自己也是人口買賣的受害者。

主辦單位要我們穿上代表自己國家的傳統服飾，於是我穿著白色和粉紅色的飄逸韓服走上台，在會場上一千三百名代表、來賓和媒體的面前，發表簡短的演說。

周柳建成介紹我之前，我對於自己即將發表的演說緊張不已。我跟烏克蘭和南非等地來的青年代表一起坐在台上，我很擔心自己代表國家在這個論壇上發言不夠強而有力。為了轉移我的恐懼，我在心裡練習把 international（國際）和 execution（處決）這些詞彙的音發對。當周柳建成開始敘述我的故事時，淚水滑落他的臉頰。我伸手安慰他，他反而哭得更厲害。他說到我媽為了保護我讓自己被強暴，還有我把父親的骨灰埋在中國的荒山野外時，我也跟他一樣淚流滿面。

情緒失控一直是我最大的恐懼。有時我覺得憤怒就像我體內的一顆硬球，我知道如果不把它藏好，它說不定會爆發，到時候我也控制不了它。我擔心自己一旦開始哭便會停不下來，因此一直以來都把這些感覺壓抑在內心深處。認識我的人認為我是他們見過最樂觀開朗的人，因為我把自己受過的傷藏得很好。但那天在都柏林，我卻把過去的創傷攤開在大家面前。手握著講稿走上講台時，我已經泣不成聲，幾乎說不出話。

聽眾站了起來，我看到在場所有人都哭了，大家都在等我平復情緒。

我放棄了原來的開場白，只想對大家說，我來不是要為自己說話，而是要為北韓人民發聲。但是我一緊張把英文給忘了，只好先深呼吸，從頭開始。

「北韓是個不可思議的國家……」演說開始。我告訴現場的聽眾，在北韓你可能因為打了一通非法國際電話而被處決。我還告訴他們，小時候媽媽就告訴我說話要小心，因為即使是小鳥和老鼠也聽得到我們在竊竊私語。

「逃出北韓的那一天，我看見原本看上我的中國掮客強暴了我媽。」我說，任憑淚水滑下臉頰。我告訴他們，北韓難民在中國有多麼脆弱無助。「有七成北韓婦女和少女成為人口買賣的受害者，有時候只以兩百美金的價格售出……」

我打開了一扇門，站在光天化日之下。我不知道這條路會把我帶到哪裡，但我知道自己並不孤單。

「橫越戈壁沙漠的時候，比起死亡，我更害怕被遺忘。我怕自己死在沙漠上也沒人知道。沒有人會知道我的名字，沒人會在意我是死是活。但是你們聽了我的遭遇，你們在乎我經歷的事。」

所有聽眾再度站起來，跟我一起流淚。我環顧四周，我知道公平正義充滿了這個房間。至少在那一刻，我感覺到了北韓人民的希望。

然而，我還得橫越另一片沙漠。

演講結束後，我好不容易撐到活動完畢才躲回旅館，癱倒在房間裡。等到我終於打開手機，才發現信箱已經被世界各地的訪談邀約塞爆。接下來的事，對我來說就像一場龍捲風。奇怪的是，我有種置身事外的感覺。彷彿我體內的生存機制自動開啟，讓我跟這一切保持情緒上的安全距離。一半的我看著另一半的我完成了剩下的演出。

我在歐洲三個禮拜期間做了幾十個訪談，過了一陣子連我自己也數不清了。我甚至答應英國廣播公司（ＢＢＣ）拍攝我站在倫敦北韓大使館外的影像，那次的可怕經驗嚇得我幾乎說不出話。以前我從沒帶過翻譯同行，也沒想過記者可能聽不懂我說的話，或是我可能聽不太懂他們的問題。此外，我也相信只要更改一點逃到中國的細節，就可以繼續隱瞞自己曾經被買賣的事實。我想如果其他方面實話實說，就不會有問題；只要我的經歷是真實的，細節應該不重要。大多數時候，我都在重複以前說過的話，就像即興演出的爵士樂手，每次都在相同的旋律上做些變化，渾然不知有人正注意著我的一舉一動。

都柏林的演講過後不到一個月，我開始動筆寫這本回憶錄。一個剛滿二十一歲的女孩寫回憶錄？確實有點怪，尤其我還有一個隱藏多年的祕密。一旦開始動筆，我就知道自己再也無法隱瞞。如果我自己都無法面對自己，要怎麼呼籲他人面對北韓的真相，面對逃到中國後落入掮客和強暴犯手中的北韓女人的真相？

我在十一月回到首爾。我跟媽媽和姐姐徹夜未眠，討論接下來我們該怎麼做。有些在中國發生的事，我跟媽媽都沒告訴過恩美，我們自己甚至從來沒討論過。如今全世界都知道我們的故事，這樣挺身而出值得嗎？我很確定，如果大家知道我的過去、我為了活命曾經做過的事，他們看我的眼光絕對會跟以前不一樣。南韓雖然有子彈列車、現代化建築和流行音樂，卻仍是一個期望女人遵守婦德的保守社會。我無法想像我的故事一旦曝光，哪裡還有我的容身之處。再說，說出來又怎麼樣？有差嗎？有人會聽嗎？有人會因此想採取行動改變現狀嗎？

我跟媽媽和姐姐邊說邊哭，聊了一整晚。媽媽曾經希望我清醒一點，放棄人權運動，但這段期間，她也有了一些轉變，現在她看出我們的故事潛在的影響力。

「妳要告訴全世界，北韓就像一個大型的囚犯集中營。」媽媽說。她希望其他人知道我們為什麼要逃出北韓、被賣到中國的北韓女人遭遇了什麼樣的事。「研美，如果妳不站出來替她們說話，還有誰會站出來？」她說。姐姐也這麼認為。

天亮時我做了決定。我要把我的故事完完整整地寫出來，不再隱瞞自己曾被買賣的事實。如果我希望自己的生命有意義，這就是我唯一的選擇。

一旦決定寫出我的祕密，我才終於真正感覺到了自由。過去就像一片沉重的天空壓在我身上，把我釘在地上動彈不得，現在我掙脫了桎梏，又能正常呼吸了。

開始寫回憶錄之後幾個月，有一天我打開筆電，按下連結，螢幕跳到 YouTube 上由北韓宣傳部製作的一段影片。兩名國家電視台的播報員對著鏡頭播報新聞的同時，有張我的大頭照出現在螢幕上。背景響起陰森森的音樂，好像恐怖片的配樂，底下的標題是「從垃圾堆裡長出的毒菇」。北韓媒體的無恥謊言和蠻橫威脅在西方常受到恥笑，這一則其實也滿可笑的，只不過語氣很嚴肅，而且針對的是我和我的家人。

我的警探說得沒錯，北韓政府確實一直在監視我。二〇一五年初，北韓政府上傳了兩部影片，指控我是騙子和「人權運動的傀儡」。

他們調查了我的訪談，攻擊我引述的內容前後不一。反駁不了我說的話，他們就捏造我和我的家人的謊言。他們指控我媽不守婦道，我爸是人口販子，因為他曾經幫助鄰居逃到中國。因為某些匪夷所思的原因，他們還想辦法證明我捏造了我爸的死亡過程，甚至找了一名醫生說他在北韓的醫院死於癌症，不是在中國。

最可惡的是，他們把我們的親朋好友找來詆毀我和我的家人。我已經有八年沒見到二伯、二伯母和堂表兄弟姐妹，看見他們在鏡頭前接受採訪，對我來說很怵目驚心。北韓的宣傳人員甚至找到我們以前在惠山的鄰居金鍾愛，就是曾經幫助我跟姐姐度過孤單絕望夜晚的好心鄰居。聽到他們說我們的壞話雖然難受，但至少我知道他們還活著。

二〇一五年年初，我在紐約度過。我受邀到巴納德學院旁聽一門課，學習人權的相關知識，但我還是計畫有一天能拿到學位。某天下午，我正在快速瀏覽臉書上堆積如山的交友邀約時，有個熟悉的笑臉掠過我眼前。我像個卡通人物，本來要從懸崖邊拔腿逃走，突然間煞住腳……然後看到了她。瑩子！我小時候在惠山最好的朋友。自從逃出北韓之後，我們就徹底失聯了。

「是我認識的朴研美嗎？」臉書的訊息跳出來。我的手抖得好厲害，幾乎看不清楚螢幕。**是！是我**！我立刻回她訊息，她傳給我一個電話號碼。原來她也逃到了中國，然後跟恩美一樣經由東南亞逃到南韓。她在國情院接受調查時，發現我還活著，而且到了南韓，終於透過社交媒體找到我。再次聽到她的聲音，我欣喜若狂。我們立刻重拾過去的友誼，現在我們經常在網路上聊天。

我一直希望北韓有愈來愈多人能找到自由之路。我媽一直很喜歡當初在惠山想娶我的春健，甚至試著找尋他，想幫助他逃出北韓，卻得知一個令人傷心的消息。我們離開北韓不到一年，春健全家人就消失了。根據當地的傳聞，北韓政府把農作物歉收怪到他父親（他是農業專家）頭上，把他送進嚴酷的政治犯集中營，春健和他母親則被流放到北方省份的偏僻小鎮。

之前春健曾經說會等我八年，八年之後他就會找到我。寫下這段文字時，八年的時間過去了，不知道他現在在哪裡、是否還活著、還記不記得我。雖然我已經展開了新生活，我還是希望他有一天能逃到南韓。他跟北韓的兩千五百萬人民一樣，都應該得到自由。

二〇一五年春天，我母親跟她的男友一同回中國尋回爸爸的骨灰。

他們在羊山鎮的山丘上找了好幾個小時，終於找到八年前的半夜我把爸爸的骨灰抱去偷偷掩埋的地方。看來一直有人在幫爸爸掃墓，甚至還在旁邊種了樹，那棵樹就像衛兵在一旁站崗。弘偉沒有忘記他對我的承諾。

我媽帶著爸爸的骨灰回到南韓，我們一家人終於團圓。我希望有天能實現爸爸的遺願，帶他回惠山，把他葬在他父親和祖父的旁邊，在山丘上俯瞰鴨綠江。如果有那麼一天，我也要到祖母的墳前上香，告訴她南北韓統一了，朝鮮再度合而為一。

誌謝

謝謝這本書的共同作者：Maryanne Vollers。沒有妳，這本書不可能完成。妳對我展現的不只是智慧和風範，還有對北韓人民及全世界人類的由衷關愛。能跟妳共事、結為好友是我的一大榮幸。

我深深感謝企鵝出版集團了不起的出版團隊。謝謝英國無花果出版社的 Juliet Annan 和 Anna Ridley；美國企鵝出版社的 Ann Godoff 和 Sarah Hutson。

特別感謝 Karolina Sutton、Amanda Urban、Matthew J. Hiltzik 和 Carlton Sedgeley。

Thor Halvorssen Mendoza，你是我在這個新世界裡找到的大哥哥，從你身上我看到如何挺身捍衛正義，抵抗世界各地的霸權。謝謝你當我的良師益友，教我那麼多有趣的新字彙。我對你佩服得五體投地。

謝謝人權基金會的成員 Alex Gladstein、Sarah Wasserman、Ben Paluba 和 John Lechner。

謝謝「自由在北韓」（Liberty in North Korea）的朋友和良師益友：Hannah Song、Sokeel J. Park、Justin Wheeler、Blaine Vess、Kira Wheeler、Tony Sasso。在我最需要你們的時候，你們幫助我瞭解這個新世界，也教導我擔任北韓人民發言人所代表的意義。你們的建議幫助我成為更好的人、更好的自由鼓吹者。

感謝凱西・拉提格從一開始給我的鼓勵和支持，還有讓我的生命徹底改觀的幾位英文家教老師。

感謝 Jang Jin Sung 幫助我瞭解黑暗彼岸的世界，並在那個世界裡存活下來。謝謝 Henry Song、Shirley Lee，還有同為脫北者和自由捍衛者的北韓家人給我的溫暖和鼓舞，包括 Joseph Kim、Seong Ho Ji、Park Sang Hak、Jihyun Park，以及其他許許多多人。

謝謝周柳建成和我一起為我的同胞哭泣。你的鼓勵在我低潮時曾是支持我的所有力量，沒有你的支持和信任，我永遠不會成為今天的我。

Joshua Bedell：你的善良和寬容無邊無際，感謝你用無比的耐心教導我、指引我。

謝謝我的英國接待家庭 Charlotte、Adam、Clemency、Madison、Lucien Calkin，還有我的好朋友 Jai J. Smith。也要謝謝 Bill Campbell 和我在蒙大拿州的接待家庭。

還有我的好朋友 Alexander Lloyd、Cameron Colby Thomson、Daniel Pincus、Jonathan

Cain、Daniel Barcay、Gayle Karen Young、Sam Potolicchio、Dylan Kaplan、Sam Corcos、Parker Liautaud、Axel Halvorssen、Uri Lopatin、Peter Prosol、Masih Alinejad、Tommy Sungmin Choi、Matthew Jun Suk Ha、Wolf von Laer、Ola Ahlvarsson、Ken Schoolland、Jennifer Victoria Fong Chearvanont、Malibongwe Xaba、Li Schoolland。

謝謝青年領袖峰會的 Kate Robertson、David Johns、Ella Robertson、Melanie York、Mathew Belshaw，以及所有的青年領袖代表，我很榮幸能成為這個傑出社群的一員。你們對北韓人民的支持和關懷，給我莫大的希望和力量挺身反抗世界上的霸權。你們的努力每天都讓這個世界變得更加美好。

感謝世界婦女高峰會的 Tina Brown、Karen Compton，還有會上激勵我拿出勇氣為正義、自由和平等而戰的所有女性。

感謝週末復興會（Renaissance Weekend）的 Philip Lader、Linda LeSourd Lader、Dustin Farivar、Eric O'Neill、Christine Mikolajuk、Kerry Halferty Hardy、Frank Kilpatrick、Linda Hendricks Kilpatrick, Yan Wang、Justin Dski、Ben Nelson、Mark A. Herschberg、Katherine Khor、Stephanie A. Yoshida、Janice S. Lintz。

感謝《現在去見你》（*Now on My Way to Meet You*）的製作團隊，以及我在東國大學的教授，以及警察行政學系所有在我遇到困難時幫助我、鼓勵我的朋友。感謝指導北韓難民的所有老師和志工。

特別感謝 Judd Weiss、Suleiman Bakhit、Todd Huffman、Katy Pelton、巴納德學院校長 Debora Spar、學務長 Jennifer G. Fondiller、Sue Mi Terry、David Hawk、Greg Scarlatiou、Curtis Castrapel、Beowulf Sheehan、Esther Choi 和她的可愛家人、Christian Thurston、Daniel Moroz、Cat Cleveland、Eunkoo Lee、Ryung Suh、Justice Suh、Madison Suh、Diane Rhim、Joshua Stanton、Sunhee Kim、Jieun Baek、Felicity Sachiko、艾拉廚房的 Paul Lindley、Google Idea 的 CJ Adams、Austin Wright、John Fund、Mary Kissel、米諾瓦大學的 Michael Lai。

有些人我基於隱私和安全的考量更改了他們的名字，包括我親愛的好姐妹瑩子，感謝她。也要謝謝中國的傳教團、南韓的牧師，以及名字無法出現在這本書上、但烙印在我心中的人。

給我母親邊謙淑：當妳的小孩是我最大的福氣和榮幸。沒有妳的愛和犧牲，就沒有今天的我。我們一起跨過了冰冷的河流和凍結的沙漠，世界上沒有人比妳更瞭解我，對妳的感情無需言語表達。無論是我被綁架時或獲得自由之後，妳都是我活下去的動力。是妳鼓勵我、給我力量，讓我繼續為改變祖國而努力。

給我的姐姐恩美：妳是我的一切，也是上天賜給我的最大奇蹟和喜悅。感謝妳寬大的心胸，還有小時候為我做的犧牲，在我們相依為命的那幾個月保護我、安慰我。妳就像我的小媽媽和最好的朋友。姐姐，謝謝妳經過漫長的七年歲月再度回到我們身邊，帶給我們快樂，我以妳為榮。妳是我的明燈，我愛妳勝過生命！

給我父親朴津識：你是我的英雄，我好希望你在這裡，跟我一起享受自由。但我知道你一直都在我身邊，所以只要對你說「我愛你」、「我好想你」，這樣就已足夠。

給我母親的伴侶 Woo Yang Mang 和我姐姐的男友 Lee Hong-Ki：謝謝你們為我們家帶來幸福。

給還在北韓的親朋好友：拖累你們我非常內疚，只希望有一天你們會瞭解我說出真相的原因。我保證我會努力不懈，盡我的力量打擊你們日復一日承受的不公不義，但願有一天，我能以自由之身回到家鄉，再次見到大家。

給世界各地透過社交媒體為我加油的朋友：我無法在有限的篇幅裡一一感謝你們，但我的感謝勝過千言萬語。因為你們的每個笑容、每個手勢、跟我一起流的每一滴眼淚，我才有勇氣分享過去從沒想過要說出口的遭遇。謝謝你們對我的信任。當我對人性失去信心的時候，幸好有你們聽到了我的聲音。因為你們在乎，我們才有辦法一起開始為這世界帶來改變。

國家圖書館出版品預行編目資料

為了活下去 : 脫北女孩朴研美 / 朴研美著 ; 謝佩妏譯. -- 初版. --
臺北市 : 大塊文化, 2016.08
面 ;　公分. --（mark ; 118）
譯自 : In order to live : a North Korean girl's journey to freedom
ISBN 978-986-213-719-2（平裝）

1.朴研美　2.傳記　3.北韓

783.288　105011971

LOCUS

L O C U S

LOCUS

LOCUS